陕西师范大学"211工程"建设项目资助

跨语言文化研究

Cross-Linguistic & Cross-Cultural Studies

第十七辑

刘全国　主编

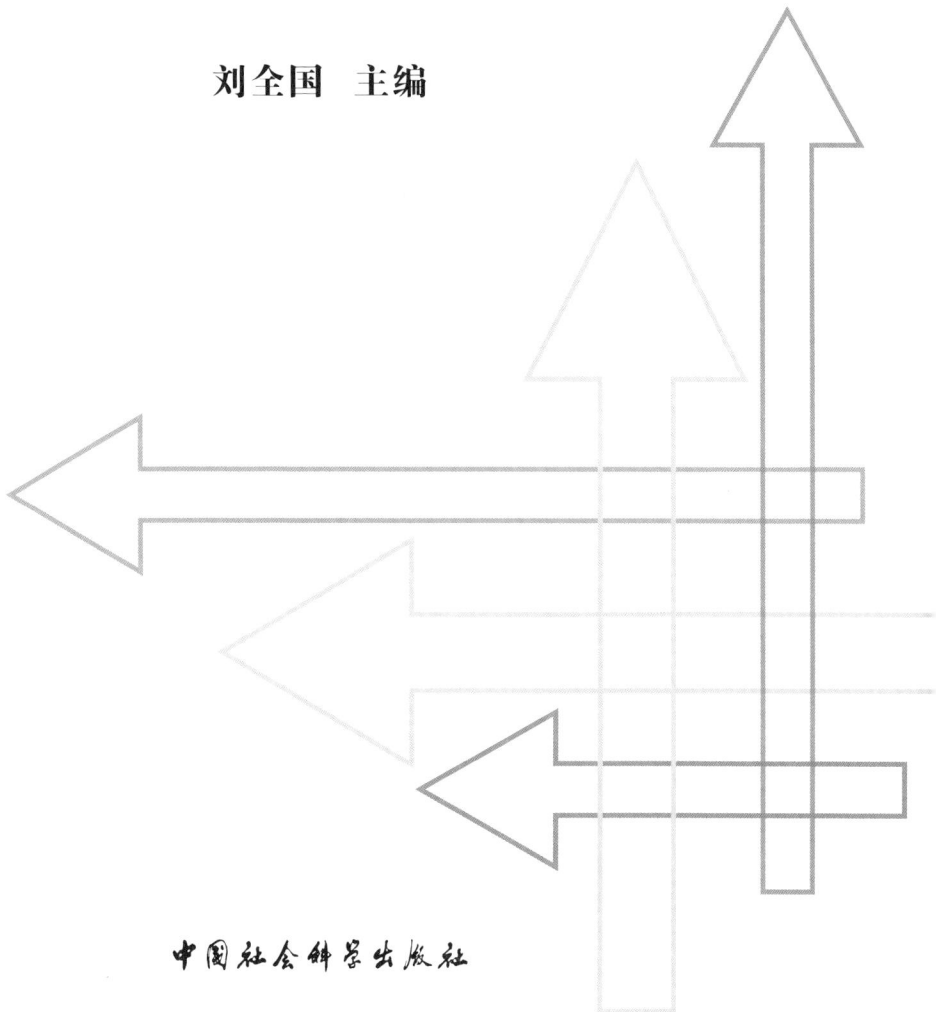

中国社会科学出版社

图书在版编目(CIP)数据

跨语言文化研究. 第 17 辑 / 刘全国主编 . . —北京：中国社会科学
出版社，2022.12

ISBN 978-7-5227-1979-5

Ⅰ.①跨… Ⅱ.①刘… Ⅲ.①语言学—研究②世界文学—文学研究
Ⅳ.①H0②I106

中国国家版本馆 CIP 数据核字（2023）第 097271 号

出　版　人	赵剑英
责任编辑	宫京蕾
责任校对	王　龙
责任印制	郝美娜

出　　版	中国社会科学出版社
社　　址	北京鼓楼西大街甲 158 号
邮　　编	100720
网　　址	http：//www.csspw.cn
发 行 部	010-84083685
门 市 部	010-84029450
经　　销	新华书店及其他书店

印刷装订	北京君升印刷有限公司
版　　次	2022 年 12 月第 1 版
印　　次	2022 年 12 月第 1 次印刷

开　　本	710×1000　1/16
印　　张	12
插　　页	2
字　　数	203 千字
定　　价	68.00 元

目　录

特约论文

语言与文化

文化与教学

语言与教学

特约论文

颂扬与劝诫

——威廉·邓巴的梦幻诗《刺蓟与玫瑰》

刘 进

摘 要：威廉·邓巴是 15 世纪苏格兰三大乔叟系诗人之一。他一共创作了十一首梦幻诗，其中《刺蓟与玫瑰》与《金盾》乔叟系风格最为显著。《刺蓟与玫瑰》是一首应景诗，是邓巴为纪念苏格兰国王詹姆士四世与英格兰公主玛格丽特的婚礼而创作。作为詹姆士四世的王室御用诗人，邓巴没有一味溜须拍马、阿谀奉承，而是在歌颂的同时表达了对国王的劝诫和希冀。本文分析了邓巴对寓意梦幻手法的巧妙运用，通过梦境他不仅暗示了自己作为宫廷诗人必须应景而作的勉强，也把颂扬与劝诫置于绮丽的梦境和含蓄的寓意之中。

关键词：威廉·邓巴；《刺蓟与玫瑰》；梦幻诗；颂扬；劝诫

一 引言

威廉·邓巴（William Dunbar）和罗伯特·亨利森（Robert Henryson）、盖文·道格拉斯（Gavin Douglas）一起并称为苏格兰三大乔叟系诗人。提及他们的共同特征，福克斯（Denton Fox）指出，这几位 15 世纪和 16 世纪早期的诗人"都曾经用正式的'华丽'文体写作，哪怕只是偶尔，并且都在诗歌中提到过乔叟"（1966：166）。诚然，"正式的华丽文体"的确是乔叟诗作中最受 15、16 世纪诗人欣赏和赞誉的特点，而乔叟系诗人也不遗余力地加以模仿，但是，尽管这一时期的乔叟追随者对乔叟的认识和发掘有限，但他们的借鉴和模仿也并不限于"华丽"的文

基金项目：本文系国家社科基金一般项目"中古英语梦幻诗研究"（项目编号：16BWW078）的阶段性研究成果。

作者简介：刘进（1973— ），女，电子科技大学外国语学院，教授，研究方向：英美文学研究。

体和语言。且不论乔叟在诗歌格律方面的影响，他的梦幻诗也备受苏格兰乔叟系诗人推崇并大加模仿。亨利森的《克蕾丝德的遗言》（*The Testament of Cresseid*）虽然不能算作梦幻诗，但亨利森也在其中包含了一个梦；此外，亨利森在其寓言故事集《道德寓言》（*The Morall Fabillis*）中"狮子和老鼠的故事"中采用了梦幻框架叙事。道格拉斯不仅写作了一首梦幻诗《荣誉殿堂》（*The Palice of Honour*），还在他的译作《埃涅阿斯纪》（*Aeneid*）第七、第八部的序言中用了梦幻框架。但三人中要数邓巴写作的梦幻诗最多。邓巴被誉为苏格兰文学史上"最丰富、最多元、最具活力"的诗人（Calin，2016：53），在其他文类的诸多作品之外，他一共创作了十一首梦幻诗，其中乔叟系梦幻诗风格最为显著的是《金盾》（*The Golden Targe*）和《刺蓟与玫瑰》（*The Thrissil and the Rois*）。

　　《刺蓟与玫瑰》是一首为了纪念苏格兰国王詹姆斯四世与英格兰公主玛格丽特婚礼而写的应景诗。虽然关于威廉·邓巴的生平知之甚少，"几乎一片空白"（Mackenzie，1932：xviii），但有限的历史记录显示，从1500年到1513年，邓巴是苏格兰国王詹姆士四世王廷的一名"公务员"，领取各种名目的费用和一笔"年金"（Bawcutt，1992：6；Reiss，1979：21-2），而他很多诗歌里呈现的世界也正是詹姆士四世的王廷，在某种程度上，他被认为是詹姆士四世的"桂冠诗人"（大致同一时期，英格兰国王亨利八世的桂冠诗人是约翰·斯凯尔顿 John Skelton）（Reiss，1979：46）。作为王室御用诗人，邓巴需要用诗歌呈现王室重要事件并歌功颂德，用鲍卡特（Bawcutt）的话来说，"宫廷诗人的一个首要职责就是撰写赞歌——即赞美诗，有时候歌唱地方，但更多时候是颂扬位高权重之人，尤其在一些节日庆典或者这些重要人物人生或者国家历史上的重要时刻"（1992：81）。《刺蓟与玫瑰》正是这样一首应景而作的诗。1503年8月，詹姆士四世与英格兰都铎王朝公主玛格丽特缔结婚姻。这次联姻有着非常重要的历史意义，象征着苏格兰、英格兰在多年敌对之后终于化干戈为玉帛，也将直接引向100年以后苏格兰国王詹姆士六世继承英格兰伊丽莎白一世王位，从而实现两个王国统一。记载显示，邓巴曾于1501年12月前往英格兰，有研究者推断，他可能跟随外交使团，参与与英格兰方面磋商詹姆士四世与亨利七世缔结姻亲事宜（Bawcutt，1996：3）。漫长的谈判和准备之后，婚礼定于1503年8月8日正式举行。与宫廷联系紧密［靠国王和其他王室成员恩赏］的诗人自然不会错过这个意义重大的皇家婚礼，借献礼之机高唱赞歌，也有可能詹姆士国王授意邓巴写一首诗在婚礼上诵读，毕竟在当时的庆典中，吟游诗人吹拉弹唱和文人墨客献诗献歌都是颇为流行的风雅之举。无论如何，在诗歌结尾处，我们可以看到，邓巴提及他在"五月的第九个早上"写了这首诗，也就是说，早在婚礼前三个月，他就完成了这首诗，可见他对这件事的重视程度。但是，要为这么重大的场合撰写纪念诗歌并不容易。首先，詹姆斯四世和玛格丽特的联姻很大程度上是一桩政治婚姻，双方寄望于通过联姻实现和平。其次，如同伊万斯指出的那样，婚姻双方年龄差异过大，颇有乔叟笔下"冬月"和"春月"的意味；1503 年 8 月，玛格丽特公主成婚时仍未达到当时女子成年的标准，即 13 岁 10 个月，而詹姆士四世已经 30 岁，且拥有众多情人和私生子（Evans，1987：97–8）。身为王室御用诗人，邓巴深知，在这样的场合自己的职责在于歌功颂德，但他并没有一味溜须拍马、阿谀奉承，而是在歌颂的同时表达了对国王的劝诫和希冀。他采用了寓意梦幻叙事框架，把颂扬与劝诫都置于绮丽的梦境和含蓄的寓意之中。

二 应景而作：任务与职责

邓巴在简短的梦幻诗序言中暗示了必须完成这项应景诗写作任务的踟蹰。《刺蓟与玫瑰》只有 189 行，包含 27 个君王体诗节。由于篇幅较短，所以并没有复杂的梦前序曲，但梦幻叙事框架依然颇为清晰。叙事者做梦的时间不是晚上，而是清晨。第一个诗节设定了梦幻诗惯常的五月背景：美丽的五月催得百花绽放、鸟雀啼鸣；在一个和谐怡人的春日清晨，叙事者仍躺在床上（第 1—8 行）。他听到外面鸟儿歌唱，却并不愿意起床，而是懒洋洋躺着。就在这种状态下他重新迷糊入睡，做了一个梦。不过，叙事者并没有用"入睡"，甚至"半梦半醒"之类的字眼，而是以一个"我仿佛觉得"（me thought）直接引出梦境。梦境分为两个部分：一是叙事者梦中躺在床上与五月女神的对话（第 9—44 行）；二是叙事者梦见自己起床穿好衣服来到花园里的所见所闻（第 45—182 行）。全诗中邓巴总共用了四次"我仿佛觉得"，分别是：

1. 我仿佛觉得奥罗拉那晶莹的双眼／从窗户望进来（第 9—10 行）①

---

①   Priscila Bawcutt, "Quhen Merche wes with variand windis past," ［ "The Thistle and the Rose"］, *William Dunbar: Selected Poems* (London: Longman, 1996), pp. 199–208. 本诗引文均出自此版本，引文后标注诗行，后文不再加注。译文为作者所译。

2. 我仿佛觉得美丽的五月女神站在我床前（第 15 行）

3. 然后，我仿佛觉得，穿戴齐整，/身着衬衫、斗篷，跟着她我走进 / 这个花园，花香四溢（第 45—47 行）

4. 那时候我仿佛觉得所有花儿都喜笑颜开，/齐声歌颂（第 158—159行）

瑞思（Edmund Reiss）在讨论"写诗者"（makar）的技法时，将"我仿佛觉得"作为一种手法进行了研究。在提到《刺蓟与玫瑰》中开篇这个短语的使用时，他指出，其"作用在于强调事件特别的彼世特征并为某个意象提供跳板"（1979：138），也就是说，瑞思也注意到了"我仿佛觉得"起到的过渡作用：这个短语使现实世界过渡到梦境世界。当叙事者说"我仿佛觉得"的时候，尤其是上面所列出的 1、2 和 3 的情形，都实现了某种从真实到虚幻的过渡，是叙事者在强调接下来将要描述的并非真实，而是他的梦境、幻觉。这三次"我仿佛觉得"也分别引出了奥罗拉、五月女神和花园场景。梦境第一部分的 36 行中，这个短语使用了三次，正因为开篇的这三次反复强调，确认读者不会再误将梦境当现实，所以在梦境第二部分的 138 行中，就只出现了一次"我仿佛觉得"。但是，这个短语起到的不仅是过渡作用。如果只是要从现实过渡到梦境，邓巴完全可以像其他梦幻诗那样写道："我做了一个梦"，或者"我陷于半梦半醒之中"，然后说"我看到……"，就开始描述梦境。相比之下，"我仿佛觉得"主观色彩更加浓厚，不仅表明了叙事者对梦境的模糊记忆，也显示出梦境其实是叙事者主观心态的投射，显示了他面对写作任务时犹疑踌躇的内心活动。

事实上，诗歌的字里行间处处可以看出邓巴对于"应景而作"勉为其难的态度。诗歌开篇，叙事者历数了三月和四月的寒风冷雨之后才提到五月，似乎暗示了一种历经寒冬、终于盼来了美好时节的心情。邓巴写道：

当三月在多变的寒风中过去，
当四月携银色雨丝
随凛冽东风告别大自然
美丽的五月，百花之母，
催动众鸟开始定时祷告，

　　在芳香馥郁的五彩花丛

　　它们的歌声和美怡人——（第1—7行）

　　但是，叙事者却并没有急切地起床享受春景，而似乎在纠结要不要起床的问题，于是恍惚进入梦境，发生了奥罗拉和五月女神催促叙事者起床的对话。奥罗拉和五月女神在梦中的催促实际上是叙事者主观上觉得应该珍惜晨光、起床"踏春"思想的投射。一则，根据文学传统，爱人们在五月时节总是早早起床，向五月致敬，向心上人表达爱意、追求爱情；二则，爱人/诗人们总要在五月这个爱的季节吟诗作歌。基于这样的想法，所以恍惚中，叙事者"感觉"奥罗拉透过窗户向他问好，她手上站着的云雀急切地招呼他起床："快醒来，爱人们，别再沉睡/快看黎明已经来到！"（第13—14行）。紧接着，叙事者"感觉"清新的五月女神站在他床前，唤他作"懒虫"，叫他赶紧起床，为她写些东西。五月女神呼吁他"写点东西"，其实是叙事者在提醒自己作为诗人应该担负的职责。尽管深知应该起床、寻访春天、"写点东西"，但叙事者毕竟并没有起床。他借着回复五月女神，表达了不想起床的理由：

　　"为什么，"我说，"我必须一大早起床？

　　这个五月我几乎没有听到鸟儿歌唱。

　　它们更有理由哭泣、诉说哀怨。

　　你的空气并不健康也不清新。

　　艾俄洛斯大人主宰了你的季节。

　　他的号角吹得如此响亮，

　　我不敢走到你的林间。"（第29—35行）

　　邓巴的这段文字颇受关注，很多评论家认为，诗人在这里记录了苏格兰寒冷的五月与文学传统中春光和煦的五月的差别，反映了诗人的自然主义倾向和他对理想和现实差别的描述。（Spearing，1976：198）也就是说，虽然法国文学和乔叟诗歌中的五月代表着春暖花开，但是苏格兰地处北方，虽然到了五月，仍然寒风呼啸，所以并不适合到林间野外郊游踏春，而邓巴的叙事者之所以不愿意起床，也是因为他意识到外面仍旧春寒料峭、乍暖还寒，故而不愿意一味迎合传统、像书中的爱人们那样外出寻

春。这种说法不无道理。但我们还应该注意到，邓巴并没有泛泛地提到
"五月"，而是说"这个五月我几乎没有听到鸟儿歌唱"，这就意味着他并
不是针对苏格兰的五月而言，而是想说，"今年"这个五月不同于往常。
实际上，从五月女神的"怪责"言语中，我们也可以看到叙事者似乎跟
往常不一样，

> 云雀宣告了新的一天，
> 唤醒爱人们起来享受舒适和安逸，
> 却没有增进你写作的动力，
> 你的心也曾感到快乐和幸福，
> 曾在绿树下写作诗篇。（第24—28行）

　　叙事者曾经也快乐和幸福，并在绿叶下写作歌曲，但现在，云雀报
晓，爱人们在舒适和愉悦中醒觉，叙事者却懒躺在床上，找不到写作的动
力。而实际上他是有"写作任务"的：五月女神听到叙事者任性的抱怨
之后，并没有生气，而是温和地笑着提醒他："你曾经许诺，在五月芳华
季节/要描写最令人赏心悦目的玫瑰"（第38—39行）。将这所有线索联
系起来，我们可以推测，叙事者心里记得自己的"任务"或"承诺"，就
是要在五月里写一首诗，歌颂美丽的玫瑰，为此，他必须进入文学传统中
的理想世界，想象着温暖和煦百花齐放的五月，但实际的情况是，他并没
有听到鸟儿歌唱，而且在他看来，如今虽已是五月，却依然寒冷，狂风怒
号，"空气既不健康也不清新"，鸟儿们更有理由哭泣、哀怨，因此他也
不愿意起床写作。放到邓巴的个人现实中来看，我们知道他领受了为国王
婚礼献上颂歌的任务，因为"玫瑰"很明显是都铎王朝玛格丽特的象征，
"描写玫瑰"自然是指歌唱新娘、歌颂国王与公主的结合；梦境中女神的
提醒其实也是因为现实中邓巴自己惦记着有任务要完成；但邓巴对于这项
任务明显缺乏热情，寻找托辞百般拖延。
　　虽然《刺蓟与玫瑰》并没有繁复的梦前序曲，但是邓巴通过"我仿
佛觉得"这么一个简单的手法，将现实与梦境无缝衔接，在梦境的第一
个部分中表达了诗人面对写作任务，面对违心地歌功颂德、"在写作中美
化现实"（Evans, 1987：97）的期待时的踟蹰和犹疑。然而，不管如何
"任性抗拒"，"不敢走到你［五月］的林间"，叙事者终究还是必须信守

承诺，"书写玫瑰"。他需要做的就是跟随五月女神进入"美丽花园"，来到理想世界，写完这首诗。但是，我们看到，邓巴却并没有将诗歌写成赤裸裸的奉承作品，他一方面绮丽铺陈，用优美华丽的语言呈现了皇家盛典的恢宏气势，一方面也婉转地表达了对国王的期许和劝诫。

三 寓意花园：颂扬与祝福

在梦境中，邓巴用寓意形式，将国王比作雄鹰、狮子和刺蓟，将王后比作玫瑰，让他们接受自然万物的朝拜。叙事者梦境中的花园就是所有梦幻诗中的理想花园，完美到极致。邓巴的描写较之乔叟和其他梦幻诗作者来说，更多了一分艺术色彩。他会用到像"照亮"和"釉彩"等艺术创作词汇来描写空中的光亮。他的花园色彩浓艳、华丽、甘甜、馥郁，明亮、澄澈、明净，花草树木争奇斗艳，绿叶映照着映照着露珠，鸟儿欢唱，五月女神、芙洛拉、奥罗拉、自然女神和维纳斯女神齐聚一堂。但是，就像《百鸟议会》中的爱情花园最终由自然女神主导一样，《刺蓟与玫瑰》中的花园也由自然女神主宰。她俨然执掌天地万物，不仅号令波塞冬和艾俄洛斯不要搅乱流水和空气，勿叫雨水或寒风惊扰了繁花或禽鸟，还请天空女神朱诺维系天空明净干燥。她召唤鸟兽花草前来谒见，转瞬间万物汇聚一堂。这个流光溢彩、祥和明媚、生灵汇集的园子就像是一幅画，邓巴在其中摆放了三个纹章图案，用以象征詹姆士四世的统治、荣耀和光辉：狮子、老鹰和刺蓟。里德利（Florence H. Ridley）指出邓巴此处借用了两种自古以来一直和神权或者王权密切联系的动物意象，以彰显突出詹姆士四世的崇高地位：戴着王冠的鹰和狮子（1990：356）。诚然，狮子是传统的权力象征，在神话、寓言和民间故事中通常都是"百兽之王"，更重要的是，狮子也正好是苏格兰盾形纹章上的图案。邓巴对狮子的描述结合了对苏格兰盾徽的描述：

> 这猛兽令人心生敬畏，
> 目光锐利、表情严肃，
> 躯体强壮，雄健无匹，
> 形体健硕，举止轻盈，
> 通身闪耀着红宝石的光芒。
> 雄狮站在金色盾面气势傲人，

周遭围着美丽的鸢尾花。（第92—98行）

里德利的分析令人信服："这几行中诗人竭力奉承詹姆士，不仅将他与狮子的传统神权和力量联系起来，更令他成为苏格兰皇家盾徽的现实复制版；对苏格兰皇家盾徽的官方描述为：'底色为金，红色直立狮子，蓝爪蓝舌，饰有正反形鸢尾花的双边带'——即，在金色底子上，周围绕着鸢尾花。邓巴诗中的狮子所缺的只有蓝爪蓝舌"（1990：357）。自然女神为狮子戴上冠冕，任命他为"百兽之王"；所有走兽也都拜伏在地，向狮王行礼。狮王的崇高地位显示了詹姆士四世的尊荣。

雄鹰则是传统中的"百鸟之王"（第120行），由于鹰与苏格兰皇家徽章并没有直接关联，因此邓巴对鹰的描述也相对较少，仅有一个诗节，但这已足以将詹姆士四世誉为飞禽之统领，统揽天地。第三个意象刺蓟是苏格兰皇家纹章底座饰物，如今已成为广泛认可的苏格兰象征。鲍卡特详细描述了刺蓟与苏格兰的密切渊源："有一种传说称，丹麦人试图入侵苏格兰时，不小心踩到了刺蓟，痛苦的尖叫声暴露了他们的踪迹，所以刺蓟在中世纪早期被作为国徽，但这个传说于19世纪才出现。刺蓟第一次作为苏格兰国徽是在詹姆士三世统治时期，出现在一些银币上；仅在詹姆士四世在位期间才普及。詹姆士四世的大玉玺上印有直立狮子，周围饰有刺蓟边带。今天留存的一些与詹姆士婚姻有关的文件上也有装饰性的刺蓟图案"（95）。鲍卡特同时也指出，"正因为刺蓟现在成为了一切与苏格兰相关事物的象征，为人们熟知，所以我们很容易忘记邓巴使用刺蓟意象是多么新颖"，而事实上，"邓巴是第一个将这个视觉象征物用于文学作品的苏格兰人"（1992：95）。邓巴在描述刺蓟的时候，主要凸显它的尖刺令人心生敬畏，适于防御；自然女神为它加冕，让它去到战场，保护子民，这也暗合了苏格兰皇家纹章上面的文字"守卫"（拉丁文"In Defens"），意即，"我护人人，上帝护我"（"In my defens God me defend"）。邓巴通过狮子、雄鹰和刺蓟三个象征王权的皇室意象，将詹姆士四世的权力和威严弘扬到了极致，自然女神亲自为他加冕，让他俨然成了神明在天地间的代理。

除了歌颂詹姆士四世，邓巴对玛格丽特也极尽赞美之词。自然女神为刺蓟加冕之后，转向玫瑰，称她为"最明艳可人的女儿"（第149行），说她"传承高贵，甚至超过鸢尾花"（第150行），这明显是夸赞玛格丽特出身王室，身份贵重，而英格兰与苏格兰缔结姻亲，自然地位也就超越了法国（鸢尾花）。邓巴用了五个诗节描述"玫瑰"的加冕仪式。自然女神说，"来吧，快乐之花，让我用宝石为你加冕/你艳冠群芳、名闻遐迩"（第153—154行），然后将"闪耀着宝石光芒、价值不菲"的王冠戴在她头上。就像走兽齐齐跪伏在地向狮子敬礼一样，百花笑逐颜开，齐声称颂，"祝福美丽的玫瑰，/祝福你，植物之后，祝福你，百花之王！/愿您永享光荣和赞誉"（第159—161行）。但是，似乎"玫瑰"的魅力还超过了雄狮，因为此时，百鸟也加入了歌唱"玫瑰"的行列。"其时，所有鸟禽齐声高歌，/它们快乐的歌声令人惊叹"（第163—164行）。走兽在狮子加冕的时候跪伏敬礼，百花在玫瑰加冕的时候齐声颂扬，那么理论上，飞禽就应该在雄鹰加冕的时候向"禽鸟之王"行礼致敬，但是我们注意到，在描写雄鹰加冕的一个诗节里，邓巴并没有描述其他鸟禽的反应。这是因为，在这首诗里，就像在大多数梦幻诗作里一样，百鸟并不简单地从属于雄鹰，而是代表着五月和自然，它们就像大自然的乐队，教会的唱诗班。诗歌开篇，五月的到来催动众鸟开始日间祈祷，鸟儿的欢歌令人愉悦。叙事者跟随五月女神进入花园以后，听到鸟儿们发出天使般的歌声，驱散黑夜，带来光明的慰藉，它们歌唱着欢迎五月、芙洛拉、奥罗拉、自然和维纳斯。在"玫瑰"/王后的加冕仪式上，在国王、王后的婚礼上，鸟儿们就像是宫廷的乐班，唱着由诗人谱写的歌曲，颂扬国王的威严和王后的高贵，为他们的幸福祝祷。邓巴不仅描述了百鸟合唱，还分别记叙了画眉鸟、鸫哥、云雀和百灵鸟的祝福。通过它们的歌唱，邓巴极力赞美"玫瑰"玛格丽特，尤其强调她高贵的王室血统，凸显了她身为都铎王朝公主的身份；她无论哪方面都完美无缺，她就是"自然女神［在尘世］的代表"（第173行）。

　　邓巴笔下自然女神召开的集会比《百鸟议会》中自然女神召集的百鸟集会显得更加隆重、盛大、庄严、华丽，像是一幅幅色泽艳丽、极力铺陈渲染的画卷，将尚未举行的詹姆士四世和玛格丽特的婚礼想象、描绘得富丽堂皇，可以说邓巴十分成功地彰显了苏格兰王室的奢华铺张并弘扬了詹姆士国王的威仪。但是，正如前文所说，身为宫廷诗人，写诗撰文歌功颂德乃是本分，但是邓巴并不情愿一味高唱赞歌、阿谀逢迎。他深刻了解苏格兰并非理想中的完美国度，也深知詹姆士四世并非理想中的完美君王或者爱人。苏格兰和英格兰长期谈判之后终于实现联姻、两个王国窥见和平曙光，面对这个辉煌的历史时刻，邓巴很可能发自内心感到高兴，但他也抓住时机，婉转谏言，向詹姆士四世表达了自己的期望。当然，作为一个地位不高的宫廷附庸，想要向君王谏言而不开罪于君王，不仅需要勇气，更需要技巧。邓巴十分巧妙地通过自然女神达成了曲折谏言的目的。

四　自然女神：劝诫与谏言

《刺蓟与玫瑰》中花园里百鸟欢迎的女神一共有五位，黎明女神奥罗拉、五月女神、花神芙洛拉、自然女神和爱神维纳斯，但最终主导万物集会、行使加冕仪式的却只有自然女神。奥罗拉、五月和花神都直接与诗歌设定的春日季节相关，她们的出现主要是为了宣告春天和黎明的到来。爱神维纳斯也没有过多着墨，只是在鸟雀的歌唱中一闪而过："欢迎，维纳斯，爱情女王！"。在爱情梦幻诗传统中，维纳斯一向与五月和春天密不可分，而且这首诗本来是为了纪念盛大的皇室婚礼而作，理论上维纳斯应该占据更多的空间。事实上，我们需要注意到，这首诗并没有给"爱情"太多关注。虽然诗歌三次提到了"爱人"（第 13 行，第 25 行，第 60 行），但叙事者明显并不是一位"爱人"，而自然女神为"刺蓟"和"玫瑰"加冕之际，也并没有提到与爱情相关的字眼，如忠贞如一、怜悯、恩典，等等，甚至完全没有强调二者的结合。鲍卡特在论述中提到，《刺蓟与玫瑰》这个标题并非出自邓巴本人［实际上，邓巴大多数诗歌并没有标题］，而出自首次印刷此诗的阿兰·拉姆齐（Allan Ramsay），他于 1724 年印刷了诗集《常青》（*Ever Green*）。她指出，"虽然很难找到更恰当的标题，但这个标题过于凸显了刺蓟和玫瑰两个王室的结合，这可能超过了邓巴本人的意愿"（1992：92）。从诗歌中我们也可以看到，邓巴的确没有强调"爱情"或者"婚礼"。所以，他并没有让维纳斯主持庆典，将此次集会变成"爱情朝堂"。

在邓巴的花园里，就像乔叟《百鸟议会》一样，维纳斯女神偏居一隅，而自然女神成了主宰尘世的主要力量。虽然邓巴没有像乔叟一样将自然女神赞为"万能上帝的代理"，但她不仅号令天地万物，任命、加冕君主王后，还担当了教化君主的职责，就像鲍卡特所说，"在这首诗中，自然女神最重要的角色是作为'教育者'"（1992：97）。她任命狮子为百兽之王，"森林和树丛的守护者"，并教导他要"保护臣民、维护律法"，还要"秉公执法、加以宽仁和良知，/勿要让弱小动物受到/身强力壮的大动物伤害欺凌。/执法公正，无论猿猴还是独角兽，/勿要让野牛用他们强有力的角/欺负温顺的耕牛，尽管他们十分骄矜，/而要让他们套上犁轭和平相处"（第106—112行）。自然女神尊重阶级，狮子"级别最高"，所以她赋予他统领百兽的权力，但是作为君王，他有责任保护子民、保障法律公正。就传统而言，国王就是"公正"的源泉，百姓期盼君主可以保护弱小。根据鲍卡特的注解，猿猴和独角兽分别代表好色之徒、声色享乐和贞洁、德行，如何"公正"对待这两者颇令人费解。"野牛"和"耕牛"分别指高地苏格兰人和低地苏格兰人，邓巴应该是寄望詹姆士四世可以让他们和平共处。在百兽拜倒在地向狮子敬礼的时候，狮王回礼，神色间显出"宽仁大度"。这也是邓巴强调的君王品质：公正而不失仁慈。同样，自然女神授命雄鹰为百鸟之王的时候，强调的仍然是"公平"：

> 指示他公平对待杓鹬和猫头鹰
> 以及孔雀、鹦鹉和仙鹤，
> 无论强悍大鸟还是弱小如鹪鹩都一视同仁，
> 勿要让食肉鸟类惊扰欺凌，
> 切勿吞噬同类。（第122—126行）

自然女神在为刺蓟加冕并寄语时，对刺蓟的要求却有些不同。她首先强调了刺蓟主要的象征意义"防卫"，这与君王保卫家园和子民的职责相符，但接下来，她的立场却发生了变化，她放弃了"公正"，转而要求刺蓟根据花草价值区别对待：

> "你既为王，就需行事审慎。
> 没有药效的草价值比不上
> 有药效和芳香的草，
> 勿要让低贱邪恶的荨麻
> 与善良高贵的鲜花为伍，
> 勿要让粗鄙笨拙的稗草
> 与高洁美丽的鸢尾花比肩。"（第134—140行）

鲍卡特的解释是，"刺蓟"在这里被看作"园丁"，因为在王室子弟的教育传统中，会把王国比作花园，管理王国的君主就好比护理花园的园丁，而园丁需要区分"有价值"的花草和"没有价值"的杂草（1992：101）。但是，如果真的只是想要告诫国王像园丁一样甄别花草价值的话，邓巴大可以言尽于此，实际的情形是他又用了整整一个诗节，强调玫瑰的与众不同以及刺蓟为什么必须看重、珍惜玫瑰：

> "勿要让其他花朵同享尊荣，
> 与这红白相间、清新动人的玫瑰媲美。
> 你若不能区别对待，则将名誉受损，
> 想想还有什么花如此完美，
> 如此纯洁、娇艳、动人，
> 如此美丽、喜悦、天使般美好，
> 出生高贵、荣耀、尊崇。"（第141—147行）

詹姆士四世被比作狮子和雄鹰时，就像狮子统领走兽、雄鹰统领飞禽一样，他面对的是如何统领子民百姓，所以他需要公平、仁慈；但是当詹姆士国王被比作刺蓟时，他面对的是他的王后"玫瑰"：她不仅青春、美丽、纯洁、娇艳，最重要的是出身高贵、尊崇。邓巴其实是在向国王进言，希望他弃绝从前的那些不堪的、如同杂草般的情人，珍惜眼前这位美丽高贵的王后；从政治上来说，实际也是珍惜与英格兰之间难得的和平。邓巴特意提到了"名誉"，指出，如果刺蓟不能区别对待玫瑰与其他杂草，国王不能专一对待王后，则有可能"名誉受损"。所以，邓巴借自然女神之口对国王进行了两方面的劝诫：一是要公平仁慈对待子民；二是要珍惜玛格丽特、爱惜和平。

五　结语

《刺蓟与玫瑰》是宫廷诗人邓巴写作的应景诗；即使不是"奉命"写作，邓巴与苏格兰王室密不可分的关联也注定他一定要写诗以记载詹姆士四世与玛格丽特·都铎的大婚。邓巴选择了乔叟的"华丽文风"和梦幻诗形式来完成"歌功颂德"的任务，但他抛却了明显的入睡环节，而只是用一个短语"我仿佛觉得"悄然进入梦境，巧妙地暗示了梦境——尤其是梦境第一个部分——与其现实内心活动的紧密联系，让读者可以窥见他作为王室御用文人、面对"命题写作"时的彷徨与纠结。邓巴在华丽的理想花园中，通过自然女神的集会，不露声色中将赞美与劝导完美结合。《刺蓟与玫瑰》华丽浓艳、高贵庄严，巧妙地在寓意梦境中完成了颂扬与劝诫的写作目的。邓巴被很多评论家赞为"苏格兰诗人之翘楚"（Calin，2016：53），这首精巧的乔叟系梦幻诗无疑功不可没。

参考文献

［1］ Bawcutt, Priscilla. *Dunbar the Makar*. Oxford: Clarendon Press, 1992.

［2］ Bawcutt, Priscilla. Introduction. *William Dunbar: Selected Poems*. London: Longman, 1996.

［3］ Bawcutt, Priscilla. ed.Quhen Merche wes with variand windis past. [The Thistle and the Rose]. *William Dunbar: Selected Poems*. London: Longman, 1996. 199–208.

［4］ Calin, William. *The Lily and the Thistle: The French Tradition and the Older French Literature of Scotland*. Toronto: University of Toronto Press, 2016.

［5］ Evans, Deanna Delmar. Ambivalent artifice in Dunbar's *The Thrissill and the Rois*. *Studies in Scottish Literature* (22) 1987: 95–105.

［6］ Fox, Denton. The Scottish Chaucerians. *Chaucer and Chaucerians: Critical Studies in Middle English Literature*. Ed. D. S. Brewer. London: Nelson, 1966. 164–200.

［7］ Mackenzie, W. Mackay. Introduction. *The Poems of William Dunbar*. Ed. Mackenzie. London: Faber and Faber, 1932.

［8］ Reiss, Edmund. *William Dunbar*. Boston: Twayne Publishers, 1979.

［9］ Ridley, Florence H. The treatment of animals in the poetry of Henryson and Dunbar. *The Chaucer Review* 24 (4), 1990: 356–366.

［10］ Spearing, A. C. *Medieval Dream-Poetry*. Cambridge UP, 1976.

Eulogy and Petition: William Dunbar's Dream Vision *The Thrissil and the Rois*

Liu Jin

Abstract: William Dunbar is one of the three greatest Chaucerian poets in fifteenth-century Scotland. *The Thrissil and the Rois* and *The Golden Targe* are most typical of the Chaucerian style among the eleven dream visions he has composed. *The Thrissil and the Rois* is an occasional poem written to commemorate the wedding between James IV the Scottish King and Princess Margaret of England. In spite of his position as a "royal orator," Dunbar is not satisfied with just adulatory verses, but expresses his petition to the king in subtle ways. This paper analyses how Dunbar skillfully adopts the allegorical dream vision to hint at his reluctance to write for the occasion as required of a court poet and to conceal the flattery and petition within the gorgeous dream and veiled images.

Keywords: William Dunbar; *The Thrissil and the Rois*; dream vision; eulogy; petition

日本诗歌中拟声词、拟态词的使用及汉译研究

陈　岩　姜述锋

摘　要：日语是拟声词、拟态词的宝库，它们不仅大量地存在于日常口语里，还被较多地用于包括诗歌在内的文学作品中。本文首先概述日语中拟声词、拟态词多的原因，然后举出和歌、俳句、近代诗中拟声词、拟态词的使用例，并分析其表达作用，最后在与汉语比较的基础上提出翻译诗歌中拟声词、拟态词的几种方式。

关键词：日本诗歌；拟声词；拟态词；翻译

一　引言

日语是拟声词、拟态词的宝库，其数目之多，应用范围之广，使用频率之高，创造手段之灵活，在世界众多的语言中实属少见。一般认为，在现代日语中目前使用较多的拟声词在 2000—3000 个。

日语关于拟声词、拟态词有多种称谓，如「擬音語」「擬声語」「擬態語」「擬情語」「擬容語」等，而近年来统称为「オノマトペ」。

日语中有如此多的拟声词、拟态词，原因是多方面的，从语言层面看，一般认为有以下三种原因：

1. 日语中含糊、模棱两可的话较多，特别是动词表现力低，需要借助拟声词、拟态词表达。如："笑"这个动词，汉语中由"笑"外延扩大成的词组为数众多，如：笑哈哈、笑眯眯、笑嘻嘻、笑吟吟、笑容可掬、笑逐颜开、暗笑、惨笑、干笑、憨笑、含笑、欢笑、奸笑、苦笑、狂笑、冷笑、狞笑、赔笑、窃笑、傻笑、讪笑、微笑、嬉笑、喜笑颜开、嬉皮笑

作者简介：陈岩（1945—　），男，大连外国语大学日本语学院教授。研究方向：中日语言比较、翻译理论与实践。姜述锋（1978—　），女，大连交通大学继续教育学院副教授。研究方向：日语教育、日汉翻译。

脸、眉开眼笑、哑然失笑等。而日语中却只有「笑う」等几个词。于是便产生了表现笑声、笑貌的うふふ、くくっ（と）、くすくす、からから、くっくっく（と）、けたけた、げたげた、けらけら、にたっ（と）、にこにこ、ほほ、ははは、わっ（と）、にたにた、にやにや等。

2. 日语的音节结构单一、平板，缺乏节奏感，需要拟声词、拟态词改变这种状况，使节奏顿挫、声音抑扬、形象鲜明。日本『朝日新闻』曾刊登过介绍东芝电动冷水器的广告，图上只用了三个拟声词「ポン」、「ザーッ」、「ピッ」，下面的说明文字是：

「ポン」…とワンタッチ（一碰就启动）

「ザーッ」…と水の出がいい（马上就流水）

「ピッ」…と切れがいい（一下子就停下）

如果用「すぐ動く。すぐ水が出る。すぐ止まる。」表示上述内容的话，虽然基本意思相同，但较之使用拟声词句子的节奏感就不够明快，色彩和表现力也有差距。

3. 日语的文字、语音、构词规则有利于拟声词、拟态词的组合、创造。表音文字"假名"有利于拟声词、拟态词的表示，使其可以即兴创造；日语的清音、浊音、促音、拨音、长音等可以造成语音的轻重、缓急、大小、明暗、延长、停顿等；叠词的造词法也与拟声词、拟态词常见的结构形式一致。虽然还不能说日语拟声词、拟态词的音与义有着必然的联系，但在某种程度上可以说结构是合理的，因为它尽量追求与外界的相近，所以易于为人们理解、接受。

除以上语言方面原因外，还有一点最重要，即文化层面的原因。日本人在思维方式上重感性、轻理性；重情绪、轻逻辑；重抒情、轻实证。日本传统的审美观，如"哀愁（「物の哀れ」）""恬淡（「わび」）""古雅（「さび」）""滑稽（「をかし」）"等就多为情绪上的东西。可以说，从古至今日本人一直偏爱情感方面的词汇。而日语拟声词、拟态词多表示即兴性、实感性、情绪性意义，所以词汇数量大，使用频率高是理所当然的事了。

日语拟声词、拟态词能够赋予日语语言音乐感、节奏感、真实感，使语言具体、生动、形象。因此，拟声词、拟态词不仅在口语和大众文化艺术，诸如电影、戏剧、小说、漫画、报纸中被广泛地大量地应用着，还被应用到诗歌创作之中。

二 日本诗歌中的拟声词、拟态词

日语诗歌一般指包括和歌、俳句、近代诗（新体诗）等所有韵文。为方便叙述，按和歌、俳句、近代诗三个部分，按编年顺序列证。

（一）和歌

日本诗歌中使用拟声词、拟态词的历史可以追溯到 1300 年前的『古事記』和 1200 余年前的『万葉集』，如『万葉集』中柿本人麻吕吟咏与妻子离别的「長歌」后的「反歌」：

　　1）笹の葉は　深山もさやに　さわけども われは妹思ふ　別れ来ぬれば（『万葉集』133）

和歌中的「さやに」与『古事記』中两首和歌中使用的「さやさや」意义基本相同，都表示轻快、细小、美好的声音。当然，对刚刚与妻子分别的人麻吕来说，深山里互相厮磨的细竹发出的沙拉沙拉声音并非他欣赏的对象，而是他沉闷无语的反衬。

『万葉集』中还可举出山上忆良的「長歌」『貧窮問答歌』，下面是其中一部分：

　　2）風雑じへ　雨降る夜の　雨雑じへ　雪降る夜は　術もなく寒くしあれば　堅塩を取りつづしろひ　糟湯酒　うち啜ろひて咳ぶかひ　鼻びしびしに　しかとあらぬ　髭かきなでて　我除きて人はあらじと　ほころへど……（『万葉集』892）

这首借鉴我国西汉扬雄《逐贫赋》、晋朝束皙《贫家赋》的和歌是『万葉集』中唯一一首咏贫诗，描写了一位衣食无着的老寒士在风雨雪交加的寒冷夜晚饮浊酒驱寒的景象，抒发了骨傲、清高的寒士精神和为现实鸣不平的刺世精神。和歌中使用的拟声词「びしびし」相当于现在的「ずるずる」，意义之一为抽搭拉着的鼻涕时发出的声音，即汉语的"哧溜哧溜"。「びしびし」的使用无疑使寒士的形象更鲜明，增强了作品的感染力。

敕撰『古今和歌集』编成于 905 年，集中所收和歌已不乏鸟、虫、

獣叫声的拟声词，如：黄莺的「ひとくひとく」、白鸻的「（や）ちよ」、杜鹃的「しでのたをさ」、蟋蟀的「つづりさせ」、雉鸡的「ほろろ」、鹿的「かひよ」等。

　　　3）梅の花見に こそ來つれ鶯の <u>ひとくひとく</u> と厭ひしもをる （読人知らず・『古今和歌集』巻十九、雑体、1011）

　　和歌中的「ひとくひとく」为表示黄莺叫声的拟声词。现代日语中表示黄莺叫声的拟声词纤细如丝，雄雌、成幼、季节、作用等的不同叫声都不同。如常见的「ホーホケキョ、ホーホケキキョ、ケキョケキョケキョ……」等。其中的「ホーホケキョ」是对靠近自己的鸟宣示领地主权；「ケキョケキョケキョ」是对入侵者的恫吓；「ホーホケキョ」为雄鸟的叫声。而非繁殖期雄鸟、雌鸟的平常的叫声则用「チャッチャッ」表示。

　　汉语为表意文字，难以用来准确地记录语音，比如对黄莺的叫声，就只能用几乎可以表示所有小鸟叫声的"叽叽喳喳"来表示。

　　『新古今和歌集』是 1205 年编成的又一部敕撰和歌集，与所收 1978 首的和歌数量相比，使用拟声词、拟态词的和歌并不为多。『新古今和歌集』中使用的拟声词、拟态词主要有「そそ」「さや」「そよ」「ほのぼの」等。下面是使用「ほのぼの」的两首和歌：

　　　4）<u>ほのぼの</u> と 春こそ空に 来にけらし 天の香具山 かすみたなびく（後鳥羽上皇・巻一、春上、2）

　　　5）<u>ほのぼの</u> と有明の月の月影に 紅葉吹きおろす山おろしの風 （信明・巻六、冬、591）

　　『日本語オノマトペ辞典』把「ほのぼの」解释为"感到温暖貌"，但在4）和5）两首和歌中却并非此意，两者表现的都是"模糊""朦胧""隐约"的意思。4）是说"春天已悄然来到空中"；5）是说"在黎明朦胧的月光中"。

　　　6）秋の夜の <u>ほがらほがら</u> と 天の原 てる月かげに 雁なきわたる（賀茂真淵・『賀茂翁家集』巻一、秋、180）

　　7）稲荷山 ほがらほがらと あくる夜を 名のるからすの 声も春
なる（荷田春満・『八十浦の玉』上、213）

　　6）和 7）两首短歌的作者同为江户时代的国学家，前者为贺茂真渊，
后者为荷田春满。短歌中的「ほがらほがら」近似于汉语的"晴朗""明
亮"，带有温暖、明亮、柔软的感觉。

　　在明治时代，著名歌人正冈子规（下面俳句部分举其作品）、与谢野
晶子、石川啄木等在短歌中较多地使用了拟声词、拟态词。

　　8）しらしらと 涙のつたふ 頬をうつし 鏡はありぬ 春の夕に
（与謝野晶子・『常夏』）

　　收录这首短歌的歌集『常夏』出版于 1908 年，与谢野晶子（1878—
1942）时年 30 岁。诗中流泪的原因虽然不明，但毫无疑问，「しらしら」
表示的是眼泪沿脸颊淌落时的状态。「しらしら」的这种用法前所未有，
应该是作者凭感觉使用的。日语的「さらさら」与「しらしら」结构相
同，用来表示飒飒、刷刷、哗啦哗啦的响声和流畅、麻利的状态。与
「さらさら」的无淤浊、滞涩相反，「しらしら」表现的是缓慢、稍感滞
涩的状态。这也可能是眼泪与化妆用的膏粉一起流下的缘故吧。

　　石川啄木（1868—1912）是明治末期大放异彩的歌人，他在歌集
《一把沙》（『一握の砂』）中，别开生面地把短歌写作三行。《一把沙》
收入短歌 551 首，其中 39 首使用了拟声词、拟态词。下面是其中的一首：

　　9）たんたらたらたんたらたらと/ 雨滴が/ 痛むあたまにひび
くかなしさ（石川啄木・「我を愛する歌」）

　　短歌中的「たんたらたらたんたらたら」表现的是雨水经屋顶流落
的声音，既可以读作有规律的「たんたらたら・たんたらたら」，又可以
读作「たんたら・たらたん・たらたら」。这是作者模仿真实的雨声自造
的拟声词，烘托出了头痛之下，又遭刺激神经的雨声之扰的烦闷心情。

　　大正至昭和的短歌作品中，不少使用了拟声词、拟态词，下面以斋藤
茂吉、寺山修司、俵万智为例进行分析。

斎藤茂吉（1882—1953）的歌集『歌集　赤光』出版于1931年，在收入的833首短歌中，有72首使用了拟声词、拟态词，而且有在不同短歌中重复使用同一个词的特点：

　　10）ひた走る　わが道 暗し <u>しんしん</u>と 堪へかねたる　わが道くらし（大正二年、1 悲報来）

　　11）死に近き　母に添寝の　<u>しんしん</u>と　遠田のかはづ　天に聞ゆる（同、6 死にたまふ母、其の二）

　　12）<u>しんしん</u>と　雪ふりし夜に　その指の　あな冷たよと 言ひて寄りしか（同、7 おひろ、其の二）

　　13）<u>しんしん</u>と　雪ふる最上の 上の山　弟は無常を　感じたるなり（同、13 さんげの心）

　　14）現身の　わが血脈の　やや細り　墓地に<u>しんしん</u>と　雪つもる見ゆ（大正元年、1 雪ふる日）

「しんしん」源于汉语词「深深」、「森森」，表示寂静、森严之意，斎藤茂吉在短歌中所用并非仅仅此意，而是加入了自己独特的情感。五首短歌中的「しんしん」，有三首是描写雪渐渐飘落堆积情景的（12）13）14）），近似于汉语的"静静地"；10）描写乘夜（火）车驰过道路的黑暗，近似于汉语的"（黑）沉沉"；11）是描写夜深人静中，从远方传来青蛙的鼓噪声，近似于汉语的"万籁俱静"。也许歌人在使用「しんしん」时已经脱离道路、青蛙等具体事物，叙述的是感觉上的寂静。

　　下面是被称为特色歌人寺山修司（1935—1983）的一首短歌：

　　15）挽肉器に　<u>ずたずた</u>挽きし　花カンナの　赤のしたたる わが誕生日（『田園に死す』）

「ずたずた」表示布片等撕、剪、切得稀碎貌。生日这天，把红色的美人蕉花瓣放入绞肉机细绞，使其流出红色的汁水。令人费解的是，这样做的动机是什么？是一时冲动的破坏欲使然，还是因悲伤、痛苦，造成情绪紊乱，心如碎片，因而做出这样荒唐之事。总之，给读者留下了想象的空间。

前些年，女歌人俵万智（1962—　）的短歌集《沙拉纪念日》（『サラダ记念日』）轰动日本文坛，这本歌集收短歌 434 首，其中 30 首使用了拟声词、拟态词。下面是其中的一首：

　　　　16）シャンプーの香を<u>ほのぼの</u>とたてながら微分積分 子らは解きおり（「橋本高校」）

作者以清新、自然、充满浓厚生活气息的歌风赢得了读者，这首也是如此。俵万智在桥本高中做教师，短歌写的是课堂的场面。学生们在解微积分题，教室里荡起一丝发乳的清香。「ほのぼの」既表示发乳的清香，也表示心情上的温馨。再是，从头发上仍残留着发乳的香味看，应该是早晨第一节课。

（二）俳句

提到俳句会自然地想到江户时代的代表俳人松尾芭蕉、与谢芜村、小林一茶。松尾芭蕉（1644—1694）一生共留下俳句 1066 首，使用拟声词、拟态词的有 14 首。下面是其中的二首：

　　17）梅が香に　のつと日の出る　山路かな（『炭俵』上）
　　18）馬ぼくぼく　我を絵に見る　夏野かな（『水の友』上）

　　17）大意是：清晨天色尚暗，寒气犹存，空气里弥漫着梅香，当走到山路坡顶上时，前方突然蹦出一轮朝日。应该说，俳句展现的是两个世界，一个稍显暗淡、寒冷；一个充满光亮、温暖，而连接两个世界正是「のつと」。「のつと」与「ぬっと」意思相近，意为在意想不到时，突然在眼前出现或突然发生的动作。除此意义外「のつと」还有一种压倒前项，突出后项的语感，俳句中的朝日似乎在说：唯有我的出现，世界才变得光明，天气才变得温暖，春天才如此美妙。

　　18）中的「ぼくぼく」虽不是芭蕉最先在俳句中使用的，但芭蕉所赋予它的意义却与前不同。「ぼくぼく」以前的意义为缓慢，应看作拟态词，但在芭蕉的俳句里，它不仅表示马行缓慢，而且表示马蹄踏在野地上所发出的声音，即把拟态词变成了拟声词。不仅如此，「ぼくぼく」在表示马缓慢地绊绊磕磕行走的同时，也表示骑在马背上的自己在夏季烈日的炙烤下，受着颠簸摇晃之苦，并暗示人生道路的起伏不平。

与谢芜村（1716—1783）年轻时以绘画成名，写作俳句可谓大器晚成，他的俳句成就，主要体现在从他 55 岁开始到 68 岁故去的晚年时期。在他留下的 953 首俳句中，有 17 首使用了拟声词、拟态词。下面是他的一首俳句：

19）春の海　終日<u>のたり</u>　<u>のたり</u>かな（『句集』）

这首俳句的句意为：春天的大海，从早到晚都在缓缓地动荡起伏。「のたり」为从容不迫、缓缓地之意，「のたりのたり」为「のたり」的重叠。江户时期的「のたり」与今天的「ゆったり」近义，除表示现实的海洋外，也表示春日里心情的宁静与淡定。

小林一茶（1763—1827）生活在江户后期文化鼎盛时期，他的俳句充满生活实感，这从拟声词、拟态词的使用可以体现出来。在『蕪村集一茶集』所收一茶的 618 首俳句中，使用拟声词、拟态词的有 48 首。

20）子宝が　<u>きやらきやら</u>笑ふ　ほた火かな（『おらが春』）

一茶年过五旬后娶妻生子，俳句中的「子宝」应指的是他 57 岁时出生的女儿。老年得女，自然珍爱有加。这首俳句写于女儿两岁时，「きやらきやら」写出了幼小的女孩天真无邪的笑声。按今天的用法「きやらきやら」应表示成年男人的笑声，一茶为何如此使用，原因尚不清楚。一说是出云的方言有此用法，但也无法确认。

日本近代俳句创始者应属正冈子规（1867—1902），他善于在俳句中使用拟声词、拟态词。岩波文库『子规句集』收俳句 2300 余首，有 51 首使用了拟声词、拟态词。从这 51 首俳句中可以窥见正冈子规拟声词、拟态词的使用特点。比如反复使用「はりはり」「ほろほろ」「ほつ（り）ほつ（り）」等，表示物落下或落到物上的状态或声音。

21）<u>はりはり</u>と　木の実ふるなり　檜木笠（「寒山落木」）
22）<u>はりはり</u>と　白水落つる　氷かな（「同」）

现代日语中，作为名词的「はりはり」为脆咸萝卜之意，作为拟声词为表示嚼咸菜等发出的声音，与「ぽりぽり」近义。上面两首俳句中的「はりはり」与现在近义，却不完全相同，它表达的是果实落到戴着的斗笠上，冰溶解后水落下清脆、畅快的声音。正冈子规使用拟声词、拟态词的另一个特点是实感性强。

23）掘割の　道<u>じくじく</u>と　落葉かな（「寒山落木」）

秋天的落叶被刮进沟渠，沟底可能还在淌水，但被落叶堵塞，潮湿的落叶表面沁出水来。「じくじく」是一种写实性的描写。

作为子规好友的夏目漱石（1867—1916）不仅在小说创作上有所成就，也是一位俳句大家。在他的全集所收 2527 首俳句中，有 58 首使用了拟声词、拟态词，所占比例与正冈子规基本相同。

24）石打てば　<u>かららん</u>となる　氷かな（『夏目漱石俳句集』）

俳句中的「かららん」是一种高而清脆的声音，并留有余韵，当然也暗示出冰的坚硬，天气的寒冷。

与夏目漱石几乎同时代的尾崎放哉（1885—1926）以写自由律俳句闻名，他往往用拟声词、拟态词制造出一种幽默的效果。

25）破れた靴が　<u>ばくばく</u>口あけて　今日も晴れる（「須磨寺にて」）

自由律俳句指不受五、七、五定型的限制，不用文言，不用「や」「かな」「けり」等切字，以感情的自由律动，用口语创作的俳句。尾崎放哉的俳句中，比较多地使用了拟声词、拟态词，以此创造出幽默的气氛。25）是说鞋尖磨损，张开了口子，但还好，今天也是晴天。「ばくばく」既有张开、裂开之意，又有嘴一张一合之意，它的使用使形象更传神、幽默。

中村草田男（1901—1983）在俳句中使用拟声词、拟态词时，往往都仔细、认真地打磨，使拟声词、拟态词既个性鲜明，又具有张力。

　　26）寒の暁 <u>ツイーンツイーン</u>と 子の寝息（『炎熱』）

　　俳句中的「ツイーンツイーン」为中村草田男自造的词，并且用片假名表示，这样就使得睡眠的呼吸有了金属般的声响。俳句中讲的是寒冷的早晨，但可以推测到也许昨晚就很冷，以致孩子鼻塞，呼吸不畅。

　　（三）近代诗

　　日本近代诗指进入明治后，脱离汉诗、和歌、俳句等传统诗型，借鉴欧洲诗歌及精神，以自由的形式表达思想、感情的诗。近代诗以新体诗（文言定型诗）为开端，经过象征诗，发展为现在的口语自由诗。

　　在新体诗中使用拟声词、拟态词的诗人主要有『新体詩抄』撰者之一外山正一及其后的目下杢太郎、土井晚翠、岛崎藤村等。岛崎藤村（1872—1943）诗中使用的拟声词、拟态词多来自汉语，可见他汉文的造诣和对汉语词的钟爱。

　　27）<u>飄々</u>として鳥を吹く 風の力もなにかせむ
　　　　勢龍の行くごとく 羽音を聞けば葛城の
　　　　そつ彦むかし引きならす 眞弓の弦の響あり（『藤村詩抄』）
　　28）昨日またかくてありけり 今日またかくてありなん
　　　　この命 何を<u>齷齪</u> 明日をのみ思いわ ずらふ（「千曲川のほとりにて」）

　　诗中的「飄々」「齷齪」都是汉语词汇。

　　较之文言定型诗，口语自由诗中的拟声词、拟态词使用多了起来，在有些诗中，拟声词、拟态词已成为意境、感情表达主要手段。比如，在萩原朔太郎（1886—1942）的作品中，几乎难以找到没使用拟声词、拟态词的诗。下面是他的一首题为《鸡》（「鶏」）的诗：

　　29）家家の戸の外で鳴いてゐるのは鶏です
　　　　声をばながくふるはして
　　　　さむしい田舎の自然からよびあげる母の声です

<u>とをてくう</u>、<u>とをるもう</u>、<u>とをるもう</u>。

朝のつめたい臥床の中で
私のたましひは羽ばたきをする
この雨戸の隙間からみれば
よもの景色はあかるくかがやいてゐるやうです
されどもしののめきたるまへ
私の臥床にしのびこむひとつの憂愁
けぶれる木木の梢をこえ
遠い田舎の自然からよびあげる鶏のこゑです
<u>とをてくう</u>、<u>とをるもう</u>、<u>とをるもう</u>。

恋びとよ
恋びとよ
有明のつめたい障子のかげに
私はかぐ　ほのかなる菊のにほひを
病みたる心霊のにほひのやうに
かすかにくされゆく白菊のはなのにほひを
恋びとよ
恋びとよ。

しののめきたるまへ
私の心は墓場のかげをさまよひあるく
ああ　なにものか私をよぶ苦しきひとつの焦燥
このうすい紅いろの空気にはたへられない
恋びとよ
母上よ
早くきてともしびの光を消してよ
私はきく　遠い地角のはてを吹く大風のひびきを
<u>とをてくう</u>、<u>とをるもう</u>、<u>とをるもう</u>。

日语中表示鸡鸣的拟声词为「こけこっこう（kokekko kuu）」，而荻

原朔太郎自己创造出了「とをてくうとをるもう　とをるもう」，因汉译时实在无法找到适当的表示声音的汉字，只好使用日语罗马字。笔者曾经听到过日本的鸡的叫声，它们与大陆的鸡叫声并无区别。与鸡的实际叫声比，诗中的叫声可能并不像。其实，诗中的鸡叫声是作者想象中的声音、是创作出的声音，是为烘托独特的气氛服务的。在作者的心中，预报夜间与白昼、黑暗与光明交替的鸡叫声，同时也是预报生与死交替的声音。这声音既使他"灵魂振翅飞翔"，又使他"床笫间悄悄地潜入一股忧伤"，以至是"心徘徊在墓场"。怪不得诗中的鸡鸣声给人一种幽远、低沉、忧伤的感觉。（参见文后附录）

　　宫泽贤治（1896—1933）童话作品中的拟声词、拟态词构成了一道独特的风景线，他具有代表性的诗歌中几乎都有拟声词、拟态词，同样具有鲜明的特色。

　　　　30）たよりになるのは
　　　　くらかけつづきの雪ばかり
　　　　野はらもはやしも
　　　　ぽしゃぽしゃしたり黝（くす）んだりして
　　　　すこしもあてにならないので
　　　　ほんたうにそんな酵母（かうぼ）のふうの
　　　　朧（おぼ）ろなふぶきですけれども
　　　　ほのかなのぞみを送るのは
　　　　くらかけ山の雪ばかり
　　　　（ひとつの古風（こふう）な信仰です）（『春と修羅』、「くらかけの雪」）
　　　　31）うすあかくいっさう　陰惨な雲から
　　　　みぞれはびちょびちょふってくる
　　　　（あめゆ　じゅとてちてけんじゃ）（『春と修羅』、「永訣の朝」）

　　30）中的「ぽしゃぽしゃ」在词典中找不到，看来是作者自造的，用来形容雪水气大、软瘫、不挺实；31）中的「びちょびちょ」词典解释为被不断下着的雨淋湿，走路时发出的声音及样子。而诗中的「びちょびちょ」却是对雨雪（半雨半雪）而言。与「びちょびちょ」近义的「びしょびしょ」重点表示淋湿后的状态，而「びちょびちょ」表示的是雨、雨雪正下着的状态。31）摘自《永别的早晨》（「永訣の朝」）。《永别的早晨》是宫泽贤治描写自己最喜欢的妹妹登志子去世那天早晨情景的诗，「びちょびちょ」也表现了作者郁闷的心情。

草野心平（1903—1988）是一位创造拟声词、拟态词的高手，他的《祭蛇游行》就是这类作品的代表。这首诗描写的是只用后腿行进的几万只青蛙的样子。几乎全用自造的拟声词写成。全诗有 39 行，其中 8 行为一般的词，另外 21 行中，有 19 行全部是拟声词，12 行为一般的词加拟声词。下面是这首诗中的一节：

> 32）びるるる　びるるびるるる
> ははははは　びるるびるるる
> ふふふふ　びるるびるるる
> びるるる
> はっはっはっはっはっはっは

日本学者认为这种描写让人感到了从青蛙口中吐出的温暖气息与律动，创造了诗的形象性与临场感。

草野心平还有一首名为《生殖》的诗，只有一行：

> 33）るるるるるるるるるるるるるるるるるるるる

据说这二十个「る」是对数十只青蛙同时交尾时发出的低低的、悦耳的声音的模拟，加上「る」的视觉效果，使人如闻其声、如见其形。

中原中也（1907—1937）虽青年夭折，但他留下了 350 首以上的诗歌，而且在拟声词、拟态词的使用上独具匠心。

> 34）サーカス小屋は高い梁
> そこに一つのブランコだ
> 見えるともないブランコだ
> 頭倒さに手を垂れて

　　　　汚れ木綿の屋根のもと
　　　　<u>ゆあーんゆよーんゆやゆよん</u>（『山羊の歌』、「サーカス」）

　　诗中的「<u>ゆあーん ゆよーん ゆやゆよん</u>」表示秋千动荡、摇晃的样子及发出的声音。中原中也创造此词时是经过了深思熟虑的，当然也体现了诗人的天才。他利用长音符号"ー"表示延长；用拗音"ん"表示余韵，营造出了既具实感又有想象力的气氛。

　　金子美玲（1903—1930）与中原中也是同一时代的人，26 岁便夭折的她给后世留下了 512 篇诗作。

　　　　35）楽隊の音に<u>うかうか</u>と、
　　　　小屋のまえまで来は来たが、

　　　　灯が<u>ちらちら</u>、御飯どき、
　　　　母さんお家で待っていよう。

　　　　テントの隙にちらと見た、
　　　　弟に似たよな曲馬の子、
　　　　なぜか恋しい、なつかしい。
　　　　町の子供は<u>いそいそ</u>と、
　　　　母さんに連れられて、はいってく。

　　　　柵にすがってしみじみと、
　　　　母さんおもえど、かえられぬ。（「曲馬の小屋」）

　　这首没有华丽辞藻，完全用通俗语言写成的诗充满了真情实感，应该说其中的拟声词、拟态词起到了很好的作用。诗中的「うかうか」「ちらちら」「いそいそ」应该说都具有拟态词的特点，这些词的使用使得意境更加形象、生动。

　　以拟声词、拟态词倾诉自己的情感，在日本大众诗歌中似乎更多些。工人诗人山田今次（1912—1988）有一首用假名写成的《雨》，就是这类的作品：

36）あめ　あめ　あめ　あめ
　　　あめ　あめ　あめ　あめ
　　　あめは　ぼくらを　ざんざか　たたく
　　　　ざんざか　ざんざか
　　　ざんざん　ざかざか
　　　　あめは　ざんざん　ざかざか　ざかざか
　　　ほったけごやを　ねらって　たたく
　　　　ぼくらの　くらしを　びしびし　たたく
　　　さびが　ざりざり　はげてる　やねを
　　　やすむことなく　しきりに　たたく
　　　ふる　ふる　ふる　ふる
　　　ふる　ふる　ふる　ふる
　　　あめは　ざんざん　ざかざん　ざかざん
　　　ざかざん　ざかざん
　　　ざんざん　ざかざか
　　　つぎから　つぎへと　ざかざか　ざかざか
　　　みみにも　むねにも　しみこむ　ほどに
　　　ぼくらの　くらしを　かこんで　たたく（『詩のこころを
詠む』、岩波書店）

　　这首诗中反复出现的「ざんざか（zan zaka）ざんざか（zan zaka）」
「ざんざん（zan zan）ざかざか（zakazaka）」并不能理解为落雨的拟音，
而是作者愤怒、怨恨与反抗精神的拟音。诗中对偏浇漏屋的雨作了生动形
象的描写，尽管没有明言这种威胁到生活的雨指的是什么，但已使人感到
它不是一般的雨，进而引发读者的联想。（参见文后附录）

　　古川俊太郎（193—　）也是一位长于使用拟声词、拟态词的诗人。
下面是他 22 岁时的处女作《二十亿光年的孤独》（「二十億光年の孤
独」）：

36）人類は小さな球の上で
　　眠り起きそして働き

　　ときどき火星に仲間を欲しがつたりする

　　火星人は小さな球の上で
　　何をしてるか　僕は知らない
　　（或はネリリし　キルルし　ハララしているか）
　　しかしときどき地球に仲間を欲しがったりする
　　それはまったくたしかなことだ

　　「ネリリ」「キルル」「ハララ」是描写火星人动作的，但是到底是什么样的动作，我们不得而知，因为我们不知道火星人是什么样形状。尽管如此，这几个词给了读者想象的空间，增加了读诗的乐趣。也可能是作者把「ネリリ」「キルル」「ハララ」作为孤独的地球人发给孤独的火星人的联络信号吧。

　　日本善于使用拟声词、拟态词的诗人还可举出很多，如北原白秋、室生犀星等。北原白秋有一首题为《暮春》的诗，写的是黄昏时节慵懒、倦怠、滞涩、混沌的景色，抒发烦恼、郁闷的心情。在 40 行的诗中，作者七次使用了模拟小汽船汽笛及喷气声的「ひりあ、ひりあ。しゅっ、しゅっ…」，总共占了 14 行。而「ひりあ、ひりあ」并非日语中表示汽笛的拟声词，而是作者自造的词。这些拟声词的反复使用，无疑是为了营造烦上更烦、闷上更闷的意境。

三　拟声词、拟态词的翻译

（一）日、汉语拟声词、拟态词比较

1. 日语拟声词、拟态词。

　　关于日语拟声词、拟态词的特点，本文第一部分已经涉及，这里再作简单强调。

　　1）词量丰富。天沼宁编《拟音语、拟态语辞典》收词 1561 条；文化厅语汇表收词 1298 条；浅野鹤子编《拟音语·拟态语辞典》收词 1648 条；而小野正弘编《日语拟声词·拟态词辞典》（『日本語オノマトペ辞典』）收词多达 4500 条。

　　2）覆盖面广，表现纤细。它不仅音、声、情、容、态无所不包，而且在一些方面表现得微细如尘。像表现鸟类、昆虫的叫声就有：

　　铃虫のリンリン

　　雀のピーチクピーチク

　　松虫のチンチロリン

　　郭公のカッコウカッコウ

　　蝉のジ–ジ–

　　ひばりのピ–ピ–

　　うぐいすのホ–ホケキヨ

　　鸽のポッポ

表现感触的有：

ザラザラ、ツルツル、ネバネバ、ベトベト、スベスベ、ガサガサ、ヌルヌル、フワフワ、コツコツ、ゴツゴツ等。

　　3）可以即兴创造（参见本文第一部分）。汉语的拟声词（象声词）远不及日语发达，而拟态词（象态词）的概念尚无。

　　2. 汉语拟声词的特点。

　　1）汉语拟声词数量少。据统计，《新华词典》中标明象声词的词共58个；相原茂编《现代中国语拟音语小辞典》收词263条（包括相当部分同声同义选用的）。

　　2）同音多用普遍。由于数量上的不足，一般拟声词都同音多用。如"嗷嗷"，既可以表示孩子的哭声，又可以表示野兽的叫声，还可以表示风声。而"哒哒（嗒嗒）"则能表示马蹄声、射击声、雨声等。至于像"哗哗"这样的词，同声多用现象就更显著，可用来表示大雨声、流水声、波涛声、划船声、掌声、倒粒状、沙状东西声、旗抖动声、洗东西声、植物摇动声、撒尿声、水沸腾声等，不一而足。

　　3）随意性强。汉语拟声词在某种程度上，个人感觉的随意性掩盖了语言的固定性。在日语中，一说「パチパチ」，人们立即明白这是打算盘声，而汉语中，却因人而异，无从统一。如：嘀哩笃落、啪啦啪拉、嘀嘀嗒嗒、噼啦啪啦、噼巴噼巴、噼哩啪啦、噼啪、噼噼啪啪、啪啪哒哒等。这种复数、多数音声表现同一意义的现象在汉语拟声词中是很普遍的。汉语拟声词节拍组合不够固定。这里所说的不固定主要是指节拍不同而词义却无区别，或难以区别。如："雨嘀嗒地下着"这个句子中的"嘀嗒"，就可以用"嘀嘀嗒嗒""嘀嗒嘀嗒""嘀嘀""嗒嗒""嘀嗒嗒"等代替，并且很难说出它们有什么区别。

4）汉语拟声词符号（文字）不固定。如"bada"可以写成"叭哒""叭嗒""巴嗒"等；"chichi"可以写成"嗦嗦"或"嗤嗤""吃吃"。表示汽车喇叭声"da"可以写成"哒""达""嗒""答"等。

5）汉语拟声词有相当一部分声母或韵母含糊。例如，声母含糊的：

kuang dang 哐当

guang dang 咣当

tang lang 嘡啷

dang lang 当啷

ping pang 乒乓

ping bang 乒梆

ding kuang 叮哐

ding guang 叮咣

韵母含糊的：

bengdong beng dong 嘣咚嘣咚

bengdeng bengdeng 嘣噔嘣噔

（二）拟声词、拟态词汉译

日语拟声词、拟态词数量繁多，表现入微，允许创造，但在表现特点上也并非毫无规律可循。比如音与义之间就有一定规律。据金田一春彦先生的分析，母音ア、イ、ウ、エ、オ中，エ音极少；イ音常表现小的声音、快的运动；ア音则有相反的倾向。子音当中，浊音常表现钝、重、大、脏；清音常表现尖、轻、美；k、t音表现坚硬；s音表现摩擦；r音表现黏滑；h、p音表现通畅；m音表现柔软。又有学者指出，拟声词、拟态词加卜多表示动作（ぎゅっと握る、さっさと帰る）；加二多表示状态（へとへとに疲れる、めちゃめちゃにこわれた）；加スル时多表示心理状态。研究并掌握这些规律，对准确理解词义是很有用处的。

1）汉译应注意之处。

①分清表现的类别——音、声、情、容、态。有的词既是拟声词，又是拟态词，要首先弄清它在句子中是表示"声"的，还是"态"的。对拟声词要搞清是表示人、动物等生物的声音，还是自然界其他声音；对拟态词要搞清是表示人的喜、怒、哀、乐心理状态，还是表示生物无生物的样子、现象、变化、运动、成长等。

②分清感情色彩——褒、贬、爱、憎。

一些拟声词、拟态词本身就具有强烈的感情色彩，类似我们的褒义词、贬义词，在句子中鲜明地表现说话人的感情、态度。如表示笑的拟声词、拟态词感情色彩就很不同。

からから 爽朗地笑。

にやにや 独自（偷偷）地笑。

けたけた 缺乏修养的傻笑。

げたげた 张大嘴不成体统地笑，有下流感。

けらけら 尖声、略显轻薄地笑。

げらげら 无所顾忌地大笑，虽有些过分，但无"けらけら"的轻薄感。

にこにこ 情绪温和，笑容满面貌。

にたにた 比汉语"奸笑"语气稍轻，意为坏事、坏主意得逞后的笑，令人产生恶感。

③分清表现程度——轻、重、强、弱。

2）汉译形式。

如上分析，由于日汉语拟声词、拟态词在数量、表现能力等方面的差别，汉译时很难对号入座。有的日本学者称这是一种困难的"填空"。特别是诗歌中的拟声词、拟态词翻译，恐怕会更难一些。译成哪种形式可以灵活掌握，总的原则有二，一是应准确再现拟声词、拟态词的意义，特别是作者寄托其上的感情；二是要符合汉语的表达习惯。

①译成汉语象声词。

对日语诗歌中的拟声词应首先尽量考虑译成汉语象声词。

37）さらさるる　ぴる　ぽる/哗啦哗啦啦　咕噜　咕噜
どぶん　ぽん　ぽちゃん/扑通　砰　啪嚓
川はいろんなことをしゃべりながら/河水不住地高谈阔论流淌
音はどこまで流れていくんだろう/那声音不知要流到何方

这是日本兵库县的一个小学生根据小河流淌的样子写的诗，诗中用了6个拟声词，其中只有「ぽぶん」和「ぽん」可以从字典上找到，而其他四个是自造的拟声词。正是这些拟声词使人感到河床高低的不同，汉译时译成了汉语象声词。对36）山田今次《雨》中的拟声词也都译成了汉语象声词（参见文后附录）。

　　②译成汉语副词、动词等。

　　对 17）芭蕉俳句中的拟态词「のっと」，译成了汉语副词"猛"；25）中「の「ばくばく」译成了动词"一张一合"（参见文后附录）。

　　③作解释性的翻译。

　　对 2）中「びしびし」，以词义及作者感情译成了"涕流不能干"（参见文后附录）。

　　④对作者自造的，表达某种强烈感情的拟声词可尝试处理成用罗马字表示的音译，如"totekuu torumou torumou"等（参见文后附录 29）。

　　⑤对像 32）和 33）那样全诗几乎都由拟声词构成，并且靠假名强调视觉效果的诗，只能遗憾地说不能翻译。

　　附：引用诗例选译

　　1）原文：（见正文）

　　　　译文：

　　　　风摇矮竹乱

　　　　吟声飒飒响满山

　　　　我却无一言

　　　　——思念别妻心如麻

　　　　步履蹒跚怔怔然

　　2）原文：『貧窮問答歌』

　　風雑（ま）じり　雨降る夜の雨雑じり　雪降る夜は術（すべ）もなく　寒くしあれば　堅塩（かたしお）取りつづしろひ　糟湯酒　うち啜（すす）ろひて　咳（しは）ぶかひ　鼻びしびしに　しかとあらぬ　髭かきなでて　我除（われお）きて　人はあらじと　ほころへど　寒くしあれば　麻襖（あさぶすま）　引きかがふり　布肩着ぬ　有りのことごと　きそへども　寒き夜すらを　我よりも　貧しき人の　父母は　飢え寒（こご）ゆらむ　妻子（めこ）どもは　乞ふ乞ふ泣くらむ　このときは　如何にしつつか　ながよはわたる　天地（あめつち）は　広しといへど　吾がためは　狭（さ）くやなりぬる　日月は　明（あか）しといへど　吾がためは　照りや給はぬ　人皆か　吾のみやしかる　わくらばに　人とはあるを　人並に　吾れもなれるを　綿

も無き　布肩衣の　海松（みる）のごと　わわけさがれる　かかふの
み　肩に打ち掛け　ふせいおの　まげいおの内に　直土（ひたつ
ち）に　藁（わら）解き敷きて　父母は　枕の方に　妻子どもは足の
方に　囲みいて　憂へさまよひ　竈（かまど）には　火気（ほけ）吹
きたてず　甑（こしき）には　蜘蛛（くも）の巣かきて　飯炊（いひ
かし）く　事も忘れて　ぬえ鳥の　のどよひ居るに　いとのきて　短
き物を　端切ると　言えるが如く　しもととる　里長（さとおさ）が
声は　寝屋戸（ねやど）まで　来立ち呼ばひぬ　かくばかり　術なき
ものか　世の中の道　世間を憂しとやさしと思へども　飛び立ちかねつ
鳥にしあらねば（『万葉集』巻五、八九二番）

译文：《贫穷问答歌》

惊风挟夜雨

飞雪杂其间

寒威砭肌骨

啜醨佐粗盐

喘咳声断续

涕流不能干

舍我其谁钦

疏须手自掂

心雄强自奋

身单寒仍干

身披旧麻衾

层着敝坎肩

觅服搜尽箧

寒气犹相煎

因念尤贫子

际此当更艰

爷娘馁不起

妻孥啼饥寒

尔有何良策

获渡此万难

谁云天地宽
立锥独我难
谁云日月光
照临无我缘
世人岂如斯
翳我惨不欢
无与常人殊
黾勉求自赡
捉襟每见肘
破袄辄少棉
茅屋已倾圮
稻秸地上摊
爷娘傍头跽
妻孥足际蜷
相聚无所措
唏嘘声不断
灶烟已久冷
蛛网布甄间
忧来废餐饭
肠中辘轳转
物短已难续
何堪施利剪
里胥肆咆哮
执杖户外喧
贫贱庸有既
世道岂其然

反歌
世间千般苦
一身尽耻忧
奈何非雀鸟
欲飞去无路

17）原文：（见正文）

译文：

寒晨踏山路

飘来梅花香郁馥

朝日猛蹦出

25）原文：（见正文）

译文：

足下鞋尖破

抬脚落脚每张合

窃喜雨未落

29）原文：（见正文）

译文：《鸡》

当黎明行将到来时

家家户外的鸡一起鸣唱

那声音长长的颤抖

是来自寥寂乡间自然的母亲高吭

totekuu torumou torumou

在早晨冰冷的床笫间

我的灵魂振翅欲翔

从套窗的缝隙向外望

四面的景色明亮辉煌

然而，当黎明行将到来时

我的床笫里悄悄迁入一股忧伤

越过朦胧的树梢

是来自遥远乡间自然的鸡的声浪

totekuu torumou torumou

心上的人啊

心上的人啊

在黎明时冰冷的拉门后

我嗅到一丝菊的芳香

像忧伤心灵的气味一样

是一抹渐渐腐烂的白菊花的香

心上的人啊

心上的人啊

当黎明行将到来时

我的心徘徊在墓场

啊！一种莫名的焦躁使我痛苦

这种窒息的空气已难以抵挡

心上的人啊

母亲大人啊

快来熄灭这微弱的灯光

我听到了吹过遥远的天边的大风轰响

totekuu torumou torumou

36）原文：（见正文）

译文：《雨》

雨 雨 雨 雨

雨 雨 雨 雨

雨啪啪地打着俺们

啪嗒啪嗒 啪哒啪嗒

唰啦 唰啦

雨唰啦唰啦 唰啦唰啦地

对着窝棚击打

无情地击打着俺们的生活

向锈蚀斑驳的屋顶

不停地不断地击打

下啊下 下 下

下啊下 下 下

雨唰啦唰啦 唰啦唰啦地下

啪嗒啪嗒 啪哒啪嗒

唰啦唰啦 唰啦唰啦

不停地啪哒啪嗒 唰啦唰啦

像要渗入耳朵、胸膛

围着俺们的生活击打

参考文献

［1］ 小野正弘：《オノマトぺと詩歌のすてきな関係》，NHK 出版 2013 年版。

［2］ 茨木のり子：《詩のこころを詠む》，岩波書店 1983 年版。

［3］ 文藝春秋：《3 月臨時増刊号》，文藝春秋社 2005 年版。

［4］ 中村明：《日本語のコツ》，中央公論新社 2002 年版。

［5］ 水原秋桜子：《俳句鑑賞辞典》，東京堂 1983 年版。

［6］ 窪田章一郎 等：《和歌鑑賞辞典》，東京堂 1983 年版。

［7］ 志田義秀：《芭蕉俳句の解釈と鑑賞》，至文堂 1940 年版。

［8］ 陈岩：《贫穷问答歌与汉晋咏贫诗》，《日本研究》，辽宁大学，1990 年。

［9］ 陈岩等：《日本历代著名诗人评介》，上海外语教育出版社 1999 年版。

Research on the Onomatopoeia and Mimicry application in Japanese Poetry, and its Chinese Translation

Chen Yan   Jiang Shufeng

Abstract: Onomatopoeia and mimetic words are the treasure in Japanese vocabulary, Not only been used in oral communication, they are wildly found in literary forms, including poetry. In this article, I will firstly summarize the reasons of plenty application on the onomatopoeia and mimetic words in Japanese, then to give you examples to illustrate the usage of onomatopoeia and mimetic words in Waka, Haiku and modern poetry, and analyze its functions. On the basis of comparison with Chinese, I will propose several translation methods on the onomatopoeia and mimetic words in poetry in the end.

Keywords：Japanese Poetry, Onomatopoeia Words, Mimetic Words, Translation

贾平凹《老生》在日本的译介与接受

吴少华

摘　要：《老生》是日本著名翻译家吉田富夫时隔二十年后翻译的第三部贾平凹作品。本文通过考察吉田富夫译介《老生》的因由始末，分析译者对《老生》的解读及翻译策略，并梳理日本文艺评论家、汉学家在主流新闻媒体发表的书评、读者书评等，探究日本社会对《老生》的接受与阐释，进而探讨进一步推动译介与传播的可行性途径，以期为贾平凹作品在日本更快、更好地"走下去"提供有益的参考。

关键词：贾平凹《老生》；吉田富夫；书评

一　引言

贾平凹是较早在日本得到译介的中国当代作家之一。1987年至1990年，日本德间书店出版《现代中国文学选集》系列丛书（12卷），选译了王蒙、史铁生、古华、莫言、刘心武等当代中国知名作家的代表作品，其中第4卷为贾平凹选集①，收录了《鬼城》《鸡窝洼的人家》和《小城街口的小店》三部中短篇小说。译者为日本中央大学文学部教授井口晃，他是第一位将贾平凹介绍到日本的翻译家。

1996年，日本佛教大学名誉教授吉田富夫翻译出版了贾平凹《废都》（中央公论社），在日本出版界、文学界和新闻界引起了强烈反

基金项目：本文系陕西省"十四五"教育科学规划课题"陕西高校日语专业课程思政建设中话语体系建构路径研究"（项目编号：SGH22Y1313）的阶段性研究成果。

作者简介：吴少华（1971—　），女，西安外国语大学日本文化经济学院，教授，研究方向：日本文学、中日比较文学、翻译学。

① ［日］《现代中国文学选集4贾平凹》，日本：德间书店，1987。

响①。紧接着 1997 年，吉田富夫又翻译了《土门》（中央公论社）。从此，吉田富夫与贾平凹之间建立起了深厚的友谊，他也成为贾平凹日本译介的主要力量。2016 年，时隔二十年后，吉田富夫再次译介贾平凹，推出了《老生》日译本。笔者在《贾平凹作品在日本的译介与研究》② 一文中，概括介绍了截至 2014 年贾平凹日本译介及传播的情况，本文将在前文研究的基础上，通过考察吉田富夫译介《老生》的因由始末，深入分析译者评价、日本文艺评论家在主流新闻媒体发表的书评及读者书评等，旨在探究日本社会对《老生》的阐释以及二十年来对贾平凹作品接受发生的变化，进而为贾平凹作品在日本的进一步有效传播提供有益的参考。

二　《老生》译介及译者解读

吉田富夫 1997 年译介《土门》后，便转向翻译莫言作品。自 1999 年出版莫言《丰乳肥臀》后，迄今为止，已经翻译了《檀香刑》《四十一炮》《生死疲劳》《蛙》等多部莫言代表作品。2012 年莫言获得诺贝尔文学奖时，专门邀请吉田富夫参加在斯德哥尔摩举行的颁奖仪式，这无疑是他对吉田富夫的译介表达敬意的最佳方式。2016 年吉田富夫能够再次有机会译介贾平凹《老生》，可以说与莫言也有一丝关系。《老生》是贾平凹第 15 部长篇小说，于 2014 年 9 月出版，次月，贾平凹前往北京参加莫言研讨会，与同时与会的吉田富夫久别重逢。见面时，贾平凹将新作《老生》交到了吉田富夫手中。研讨会上，贾平凹作为莫言的友人代表致辞，虽然发言十分简短，但吉田富夫从中感受到了贾平凹一如既往的真诚人品③。随后经过近两年的翻译，2016 年，中央公论社更名为中央公论新社后隆重推出了《老生》日文版。

《老生》以百年的中国历史为背景，记录了陕西南部某小村庄从 20 世纪初直到今天发生的故事，是贾平凹对"过去的国情、世情、民情老老实实地呈现"④。小说由四个相对独立的故事组成，分别勾勒出 20 世纪

①　韩向东：《贾平凹与吉田富夫》，《小说评论》2020 年第 6 期，第 15 页。
②　吴少华：《贾平凹作品在日本的译介与研究》，《小说评论》2014 年第 5 期，第 4—12 页。
③　［日］贾平凹：《吉田富夫译：老生》，日本：中央公论新社 2016 年版，第 519 页。
④　贾平凹：《老生》，人民文学出版社 2014 年版，第 293 页。

的四个主要历史段落：国民革命、土改运动、"文化大革命"和改革开放。跨越百年时空的四个历史阶段，构筑起中国当代史的主要框架，对日本读者而言，可以说要想读懂《老生》就需要对这四段历史有一定的理解。为此，吉田富夫在翻译策略方面相当用心，一方面将贾平凹为《老生》撰写的后记全文翻译成日文，另一方面在译者后记"致读者"中清晰地归纳了四个故事的时代背景，向读者补充说明与正文本相关的社会历史文化背景，尽可能帮助读者梳理历史脉络，提高读者认知异域文化知识的能力，以便使他们达到顺畅地理解原文的目的，表现出了译者对读者非常负责任的态度。

贾平凹在《老生》中大胆穿插了许多《山海经》的篇章，将发生在秦岭大山中现实世界的故事与《山海经》这本古老地理奇书相得益彰地融合在一起，形成了奇幻的时空效果。因此，《山海经》也成为《老生》译介中吉田富夫着重解读的要点之一。他在译者后记中介绍：《山海经》是中国古代富于神话传说的地理之书，写于战国至秦、汉时代，即公元前4世纪至3世纪。书中记载着各地的动植物及矿物，是一部充满神奇色彩的奇书。他甚至提到日本读者熟知的陶渊明、鲁迅等中国名人，强调他们在幼年时都曾阅读过此书，培养了丰富的幻想能力。以此帮助日本读者建立起对《山海经》神秘、怪异、奇幻的形象思维，使其获得与原著读者同样的阅读感受。

不过，吉田富夫也明确表示《山海经》的原文引用加大了译介《老生》的难度，因为"《山海经》是一个复杂、艰深的学术世界，对于一般非专业人士而言，会感到无能为力。"① 但由于《山海经》是《老生》的重要组成部分，为了体现其在小说中的作用，同时也为了让日本读者容易理解，吉田富夫参照高马三郎翻译的《山海经—中国古代の神话世界》一书，努力使用贴切的日语表达翻译《山海经》。另外，为了调动日本读者的阅读兴趣，吉田富夫在译本中转载上海古籍出版社袁珂著《山海经校注》的部分附图，栩栩如生的插图为读者带来直观、形象的阅读感受。这些翻译策略的巧妙运用，大大提高了日译本的可读性，足以证明吉田富夫坚实的语言功底和良苦用心。

对于《老生》的解读，吉田富夫在"致读者"中从整体上为读者精

① ［日］贾平凹：《吉田富夫译：老生》，日本：中央公论新社2016年版，第516页。

心设计了生动的导读路线：首先，就《老生》的时代背景、《山海经》与《老生》的结构关系等进行整体介绍，使读者建立整体阅读的印象；接着，引导读者将《山海经》的篇章当作《老生》这部作品的时空外部轮廓，也就是将其视为音乐会的音乐大厅，通过感受它所带来的气氛，更好地融入作品所展示的世界；最后，他建议读者将这部作品中的视点人物——年龄不详、游走于生死之间的神秘"阴歌唱师"视为音乐大厅里的指挥，让读者跟着这位亦妖亦怪的老艺人，纵览中国百年间社会生活及时代所发生的巨大变化。这种"虚拟仿真"式的导读模式，力求调动读者的视、听觉感受，为其构建起直观、立体、别具一格的阅读、想象空间，既可以使日本读者阅读作品更加轻松，又可以提高他们的阅读兴趣和阅读效果，可谓一举两得，独具匠心。

三　新闻媒体及文艺评论家书评

在日本，新书推介或文艺评论家的书评往往刊登在主流新闻媒体上，因此考察媒体上对《老生》的评论及书评，可以了解日本汉学家、文艺评论家对作品的诠释与评价，有助于探讨《老生》在日本社会的接受情况。《老生》日文版于2016年4月25日出版发行，6月至7月共有3篇书评陆续发表在影响力较大的主流报纸上，以下按照刊登时间顺序，分别进行考察。

2016年6月19日，《日本经济新闻》刊载了日本中央大学文学部教授饭塚容题为《描写二十世纪中国的四个故事》（20世纪中国の理不尽描く4話）的书评。饭塚容作为中国读者熟知的日本汉学家和翻译家，他一直坚持译介中国当代文学作品，三十年来，先后翻译了鲁迅、曹禺、铁凝、王安忆、叶兆言、史铁生、余华、毕飞宇、陈染、孙甘露等几十位中国作家的长、中、短篇小说，译介数量多达40余部。饭塚容在一千余字的书评中首先介绍贾平凹近年持续创作，先后发表《秦腔》《古炉》《老生》的基本情况，接着对"老生"的含义进行解读，认为"老生"既是指代书中出场的男性人物，也是年过花甲的贾平凹对自己"老生常谈"的自嘲。书评中饭塚容用较大篇幅对《老生》中的四个故事进行说明，并指出通过这四个故事，看到了20世纪中国现代史的悲怆与沧桑。最后，饭塚容对《老生》中现实生活与古代地理奇书《山海经》的相互呼应表示高度评价，认为贾平凹"沿用了借古代神话传说丰富作家自身想象力的传统"①。

　　6 月 26 日，文艺评论家伊藤氏贵在《产经新闻》发表了以《刻画人类的荒唐》（人間の愚かしさ浮き彫りに）为主题的书评，全文九百余字，文中评论《老生》中超过百岁、游走于生死之间的神秘"阴歌唱师"看似是神话般虚拟的存在，但当所有发生在秦岭深处的故事经由这位老人之口串联起来，读者便能切身感受到故事中众多人物的真实存在，历历在目。故事中人们经历了种种悲哀，究其原因不外乎人类的善与恶，纵观整个作品，深入刻画了人类的荒唐。最后，伊藤氏贵称赞贾平凹将充满悲伤笔调的故事与古代奇书《山海经》融为一体的写作构思，"巧妙地将人类社会的真实与奇幻的动植物空间结合起来，可以让人感受到丰富的想象力和滑稽的灵动"②。

　　7 月 10 日，日本诗人、明治大学教授、比较文学学者中村和惠在《朝日新闻》发表题为《由默默无闻之人编织而成的中国现代史》（無名の人々が紡ぐ現代の中国史）的书评，全文近九百字。书评首先简要介绍《老生》的故事构成和主要情节，指出这是一部在秦岭深处的村落里，由默默无闻的人们编织而成的中国现代史。作品中的事实虽然荒谬，却仿佛令人大彻大悟，确实能与作者产生共鸣，觉悟到："其实生死是一个地方。人应该是从地里冒出来的一股气"。中村和惠认为，小说之所以能让人产生如此这般的感慨，很大程度是源于各章开头或中间引用中国古代奇书《山海经》的篇章，以及由此而展开的问答。小说以阴歌唱师为叙事者贯穿全篇，记录着人们生存的年代，将真实世界的"人事"与《山海经》的地理风物有机融合，而关于《山海经》的问答则起到了借古喻今的效果。中村和惠对贾平凹将奇幻生物构成的神话世界与四个故事构成的现实世界交相呼应的写作手法，以及贾平凹不同寻常的人生经历表现出极大的兴趣，最后表示"从一开始就被作品强烈的气势所吸引，欲罢不能，一口气读完了如此长卷"③。

　　以上三篇书评，比较客观地在日本主流媒体上塑造了《老生》的文学价值和社会意义等外部形象，在肯定作品文学意义的同时，也聚焦于作品折射出的中国历史及社会问题，如混乱、凄苦、残酷、丑恶、荒唐等。

----

① 飯塚容：《20 世紀中国の理不尽描く 4 話》，《日本経済新聞》2016 年 6 月 19 日。
② 伊藤氏貴：《人間の愚かしさ浮き彫りに》，《産経新聞》2016 年 6 月 26 日。
③ 中村和惠：《無名の人々が紡ぐ現代の中国》，《朝日新聞》2016 年 7 月 10 日。

三位评论家不约而同地赞赏贾平凹将现实故事与《山海经》虚幻世界相融合的故事叙事及其超凡的想象力，对此都表现出极大的兴趣。二十多年前《废都》（1996）在日本一经出版，立刻引起日本出版界、文学界和新闻界的强烈关注，反响巨大。摆在日本书店正面最显眼位置的《废都》腰封上，赫然醒目的阅读导言是："中国当代文学史上最大的话题之作""以超越《红楼梦》《金瓶梅》的性描写使全中国为之骚然""发行仅6个月即遭禁售，出现疯狂盗版"等字眼。这种典型的聚焦中国社会问题的外部形象塑造，足以引起日本读者的好奇心，使其产生强烈的阅读兴趣。首次印刷后连续多次再版发行，销售数量持续增加，仅在首发40余天后便已发行第四版，总印数超过6万套（上下册，共计12万册），可以说《废都》在中国当代文学作品日译本的出版发行史上创造了一个奇迹①。而二十年后对于《老生》的评论，日本社会不仅关注小说的社会性批判，很大程度上转向关注小说的结构、情节及故事叙事、创作风格，是对文学作品本身的接受，这为日本读者塑造了《老生》在日本社会的文学形象，有利于受众更加客观地接受这部作品。

四　读者书评及社会反响

日本读者总体上倾向于阅读本国和欧美作家的畅销书，在日本，中国当代文学的阅读人群并不庞大。虽然《鸡窝洼的人家》《废都》《土门》等小说在日本的译介为贾平凹赢得了一定的影响力，但有限的销量加之继《土门》（1997）之后近二十年间，日本再没有出版过贾平凹新作的日译本，仅有日本驹泽大学教授盐旗伸一郎在2005—2008年翻译的《猎人》《太白山记》和《有着责任活着》3则短篇问世。这使得贾平凹作品很难在日本社会形成大众化的阅读趋势。

不过，贾平凹在日本拥有良好的接受基础。日本的各级图书馆，如国立国会图书馆、各大学图书馆等都馆藏有丰富的贾平凹著作及研究资料，其中不乏中国国内最新出版的学术论著。日本各类书店也有大量贾平凹相关书籍，读者可以轻松网购所需的资料。除此之外，日本甚至还有读者专门开设的个人网站，支持和推广贾平凹小说。

读者作为作品接受的主体和焦点，考察读者对译本的阅读感受及评

---

① 韩向东：《贾平凹与吉田富夫》，《小说评论》2020年第6期，第14页。

价，也是衡量一部译著在异域文化中接受与传播的重要因素。以下主要结合日本最大、最著名的读者书评网"読書メーター（读书 meter）"① 网站上关于《老生》的书评，考察和分析日本读者对小说的接受与评价。

《老生》日译本出版仅半个月后，2016 年 5 月 12 日就有读者在网站发表评论，足见读者对《老生》的关注。这篇书评评价小说是阴歌唱师吟唱出的中国百十年时代风云激荡的悲歌，是贾平凹以神话与奇幻怪兽交织而成的中国大地为舞台，创作出的一部魔幻现实主义小说的"杰作"。读者认为正如贾平凹在《老生》后记中所说的那样，"《山海经》里有诸多的神话，那是神的年代，或许那都是真实发生过的事，而现在的我们的故事，在后代来看又该称之为人话吗？"，这篇小说就是贾平凹尝试以讽刺和怀旧的口吻将自己生活过的时代作为"人话"娓娓道来的结果。这篇读者书评最后还将《老生》极力推荐给喜爱日本当代著名作家中上健次或喜爱拉美文学的读者。中上健次是日本战后出生的作家中首位获得日本芥川奖的作家，因其创作风格酷似美国诺贝尔文学奖获得者福克纳，而被称为"日本的福克纳"，在日本当代文坛具有不可动摇的地位。这种将贾平凹作品联系、对应日本作家或西方文学的联想性解读，能够帮助日本读者建立比较文学的解读模式和接受取向，更容易吸引日本读者的阅读兴趣。

除了对作品社会性因素表现出的一贯性关注外，小说的语言表达、故事构成、创作手法及翻译水平等也成为大多日本读者的兴趣点和评论点。读者深感作品中社会转型、沧海桑田、沉浮无定引发的社会混乱，以及人们在贫困中的苦苦挣扎，但即便如此，仍不抵作品本身丰富的故事性、创作手法的巧妙性、引用《山海经》所充满的想象性等，读者从中读出了浓厚的趣味。读者评价贾平凹的创作手法大胆、新颖，足见其文学造诣之深。有读者甚至评价说与贾平凹的其他作品相比，《老生》让人感受到如莫言作品那般充满粗野、乡土的男性力量，但同时作品中仍保留着对心灵人物及神秘力量的细微描写，不愧是贾平凹的神来之笔。

译著的翻译也获得了读者好评，读者们认为吉田富夫翻译功力深厚，无论是在中文理解还是日文表现力方面都可圈可点，用译者独特的语言风

---

① 　読者メーター．［2021-11-14］．http：//bookmeter.com/books/10786475.

格流畅、准确地表现出原文的韵味，尤其方言的运用更是惟妙惟肖。另外，译者为了读者能够获得与原著读者同样的阅读感受，适当地添加注释，表现出学者的学术造诣及对读者负责任的态度。

五　贾平凹作品日本传播展望

从以上《老生》的译介和接受情况来看，贾平凹作品在当今日本社会仍然受到一定的关注。近年来，贾平凹笔耕不辍，创作力持续旺盛。2014 年《老生》、2018 年《山本》、2020 年《暂坐》等新作，在国内均引起了强烈的社会反响和赞誉，足以证明他在国内的认可度。《秦腔》《废都》《老生》《带灯》《古炉》《极花》《山本》等作品被翻译成英文、法文、德文、意大利文、西班牙文、捷克文、瑞典文、俄罗斯文、日文、韩文等十多种文字，引起海外翻译热潮，同样说明贾平凹在海外具有较高的关注度。此种背景下，如何将更多优秀作品推出国门，使贾平凹在邻国日本的传播继续"走进去""走下去"，这个问题值得思考。笔者结合陕西当代文学日译发展的现状及《老生》在日本的接受情况，提出几点浅显的建议，希望有助于推动贾平凹在日本的影响力。

1. 利用政策支持，积极推动日译。

随着文化"走出去"战略的深化和发展，"走进去""走下去"成为新阶段的主要目标。各级政府部门在这一进程中发挥着重要的引领和带动作用，陕西省作协、省社科联、西安市社科联等部门都在积极探索促进陕西文学外译的有效途径，各种支持文化译介的专项课题、科研项目随之应运而生。随着中国文化国际传播背景下各项政策不断推进和完善，笔者建议加大对日语等小语种外译工作的支持力度，吸引更多对文学外译感兴趣的翻译人员及从事文学翻译批评的研究人员关注和投入此项事业。有了政策层面的驱动，相信贾平凹作品的日译数量会逐步增加。

2. 借助高校平台，培养挖掘人才。

就目前译介情况而言，贾平凹所有日译本均由日语母语译者完成，吉田富夫是其中最著名的代表。毋庸置疑，母语译者在运用日语语言、感知文化观念、掌握读者审美、增强阅读感受等方面具有较大优势，更容易实现译本在语言上自然流畅，文化上贴近读者，艺术上充满感染力的翻译效果。但就目前而言，毕竟从事贾平凹译介的日本翻译家人数有限，要想既增加数量，又保证质量，笔者建议有效推进以中国本土译者与日语母语译者合作的翻译模式①。关于译者模式问题，汉学家模式或汉学家与中国学者相结合的翻译模式已经得到了文化界和翻译界的一致认同②。笔者认为西安得天独厚的教育条件和文化资源，有助于推动中日翻译合作模式付诸实现。

吉田富夫与贾平凹之间的深厚友谊，使我们充分感受到西北大学与日本佛教大学校际交流产生的重大意义，它直接促成了贾平凹文学在日本的译介与传播。西安作为千年古都，历史上与日本有着悠久的交流历史。现如今，西安高校林立，以西安外国语大学、西安交通大学、陕西师范大学、西北大学等为代表的高校日语学科与日本众多知名大学保持着密切的交流合作关系。建议陕西省内各高校在科研、教学交流的基础上，积极培养和挖掘对中国文学翻译感兴趣的合作者，借助高校平台建立文学翻译的人才队伍，努力探索进一步开拓贾平凹作品日译的有效途径。

3. 夯实出版路径，提高推介效率。

吉田富夫多年来与日本中央公论社（1999 年更名为中央公论新社）合作，该社成立于 1886 年，是一家历史悠久、在日本具有较大影响力的出版社。吉田富夫翻译的多部莫言代表作均由该出版社发行，使其成为中国当代文学译介的品牌出版社之一。中央公论新社已出版《废都》《土门》《老生》三部贾平凹译作，充分证明其对贾平凹独特创作风格的认可，业已助力贾平凹在日本形成了一定的影响。笔者建议以国内出版社为媒介，积极建立与该出版社的联系，在夯实原有合作的基础上，努力发展新译者，使贾平凹更多作品能够得到及时推介，在日本社会形成接受、欣赏、评论乃至研究。这对于贾平凹艺术生命更快、更好地走进日本，扩大影响力将起到积极的促进作用。

另外，基于一些现实原因，与日本出版社的合作需要积极思考灵活的出版方式。日本翻译家饭塚容在采访中曾表示，虽然很喜欢贾平凹《秦腔》，但因篇幅太长，译本定价会偏高，考虑到销量和利润问题，出版社很难出版。③ 这种情况下，从日本出版社的现实考虑，建议采取分册发

---

① 吴少华：《贾平凹作品在日本的译介与研究》，《小说评论》2014 年第 5 期，第 10 页。

② 刘云虹、许钧：《文学翻译模式与中国文学对外译介——关于葛浩文的翻译》，《外国语》2014 年第 37 卷第 3 期，第 8 页。

③ 刘成才：《日译与中国当代文学的世界性——著名翻译家、日本中央大学饭塚容教授访谈》，《中国翻译》2019 年第 5 期，第 99 页。

行，或者出版节选本、改写本、散文短篇等方式开展合作，积极开拓更多出版机会。

4. 重视文学奖项，增加影视宣传。

饭塚容在访谈中还谈到日本出版社比较关注中国作家获得的国外文学奖。例如，苏童《河岸》获得亚洲布克文学奖，毕飞宇《推拿》在国外获得高度评价并被拍成电影，这些因素促使白水社决定找饭塚容译介这两部作品①。阎连科的《受活》之所以在日本成为畅销书，可以说也与他获得卡夫卡文学奖不无关系。可见，日本的出版社出于影响力和销量方面的考虑，比较注重国际性获奖或有影视宣传的作品。吉田富夫也曾表示外国作家要想在日本被接受，首先需要持续地翻译出版，其次就是与电影结合。莫言被介绍到日本首先就是因为他是电影《红高粱》的作者②。其他诸如贾平凹《鸡窝洼的人家》、阎连科《活着》等作品也都是拍成电影在日本上映后，才推出了日文译作。

根据日本出版社和读者对国际影响及影视作品较为重视的特点，建议在对外参评奖项方面增加力度；同时，在考察日本受众审美特点的基础上，积极与影视制作方合作，并通过邀请国际知名导演或日籍演员加盟的方式增加影视作品在日本的影响力和宣传效果，有利于文学作品的宣传。

最后，建议充分利用互联网资源积极组织贾平凹等陕西作家与日本作家及汉学家开展文学交流和研讨，并通过举办书展、读书会，读者见面会、文学讲座等活动，使日本学者和读者有更多了解贾平凹的机会，借助多种形式的媒介快速、有效地推介新作品。

六　结语

《老生》是日本著名翻译家吉田富夫继《废都》（1996）、《土门》（1997）之后，时隔二十年翻译出版的第三部贾平凹作品，由他翻译的第四部译作《山本》也即将出炉③。

本文梳理了译者吉田富夫对《老生》的解读及翻译策略，分析了日本主流新闻媒体书评及读者网站上的评论所塑造的《老生》外部形象，

---

① 刘成才：《日译与中国当代文学的世界性——著名翻译家、日本中央大学饭塚容教授访谈》，《中国翻译》2019 年第 5 期，第 99 页。

② 舒晋瑜：《十问吉田富夫》，《中华读书报》2006 年 8 月 30 日。

③ 韩向东：《贾平凹与吉田富夫》，《小说评论》2020 年第 6 期，第 18 页。

概括总结了日本社会对《老生》"魔幻现实主义小说杰作"的社会评价及对贾平凹超凡想象力和语言表达力的充分肯定。可以看出，日本社会对于《老生》的评论，不单纯聚焦于作品折射出的中国历史及社会问题，对作品的文学价值和社会意义，对小说的结构、情节及故事叙事，以及作者的艺术表现风格、译者高超娴熟的翻译功力等都表现出了很大程度的关注，可以说是对文学作品本身的接受，这也充分说明二十年来日本社会对贾平凹作品的接受趋于更加客观和全面。由此可见，邻国日本拥有良好的贾平凹作品接受的土壤，在此基础上进一步探讨推动译介和传播的可行性途径，相信贾平凹作品可以在异域的土壤上继续开花结果。

参考文献

[1]《现代中国文学选集4贾平凹》，德间书店1987年版。

[2] 贾平凹：《吉田富夫訳：老生》，中央公论新社2016年版。

[3] 韩向东：《贾平凹与吉田富夫》，《小说评论》2020年第6期。

[4] 贾平凹：《老生》，人民文学出版社2014年版。

[5] 刘成才：《日译与中国当代文学的世界性——著名翻译家、日本中央大学饭塚容教授访谈》，《中国翻译》2019年第5期。

[6] 刘云虹、许钧：《文学翻译模式与中国文学对外译介——关于葛浩文的翻译》，《外国语》2014年第3期。

[7] 吴少华：《贾平凹作品在日本的译介与研究》，《小说评论》2014年第5期。

The Translation and Reception of Jia Pingwa's "Laosheng" in Japan

Wu Shaohua

Abstract："Laosheng" is the third work of Jia Pingwa translated by the famous Japanese translator Yoshida Tomio after a lapse of 20 years. This article analyzes the translator's interpretation and translation strategies of "Laosheng" by examining the reasons why Yoshida Tomio translated "Laosheng", and sorts out the book reviews and readers' book reviews published by Japanese literary critics and sinologists in mainstream news media, and explores Japanese society's acceptance and interpretation of "Laosheng", and then explores feasible ways to further promote translation, introduction and dissemination, in order to provide a useful reference for Jia Pingwa's works to spread faster and better in Japan.

Keywords: Jia Pingwa's "Laosheng"; Yoshida Tomio; book review

语言与文化

"自主-依存"联结的动量
组配句位分析

王艳滨

摘　要：动词和动量词的组配得以实现，在于作为依存成分的动量词提供了一个语义空位，可由满足语义条件的动词填入，完成组配。动量词和动词在句中的位置关系主要有两种，一是动量词在动词之前的状位表达，二是动量词在动词后的补位表达。本文将这种句法位置也抽象为一种句位空位，提出句位依存。动量词的"状位"具有的典型句位义是表达动作的过程方式，"补位"的典型句位义是结果或频度计量。

关键词：自主-依存；句位依存；状位；补位

一　引言

动词和动量词在句法中的位置关系在量词研究中受到学者的关注。张国宪（1998）说："每一词类都有激活句法表现形式获得最大实现值的典型句法位置，一旦偏离这一句法位置，其典型的句法表现形式就会衰减或丧失。"动量词与动词组合主要有两种句位关系：

（1）"动+数+动量词"的动补式，

（2）"数+动量词+动词短语"的状动式。

补位动量构式主要用于计量动作发生的次数和持续时量，是动量构式的无标记典型形式；状位动量构式主要用于计量事件的量，很少与动作动词直接关联，是动量构式的有标记、非典型形式。目前学界对动量词与动

本文系国家社科基金项目"构式视角下的汉语动量组配认知研究"（项目编号：15BYY133）的阶段性成果。

作者简介：王艳滨（1976—　），女，陕西师范大学外国语学院，副教授，研究方向：认知语言学。

词的位置关系研究，主要体现在以下两个维度：（1）凸显状位是特殊位置。李晓蓉（1995）和殷志平（2000）均认为动量短语在动词前出现，是突破常规的，是非典型位置；李艳华（2006）进一步指出，用于状位的主要是借用动量词，包括表示工具器械、身体器官两种；谓语动词主要由述补、述宾结构构成，单个动词比较少见。（2）对比两种位置关系。李宇明（1998）将"一+量+VP"句式作为整体来考察，比较了"一量VP"和"VP 一量"，指出前者语义特点是强调行为动作快捷。杨娟（2004）借鉴张旺熹对汉语特殊句式的研究，认为补位和状位的动量短语分别对应人类的两种认知结构——功效范畴和对比范畴，是功效范畴和对比范畴在句法结构上的表现。

本文通过对封闭语料的数据统计，主要以孟琮等主编的《汉语动词用法词典》中的 537 个单音节动词为检索词，对北京大学语言学研究中心现代汉语语料库① http：//ccl. pku. edu. cn 进行检索，通过随机抽样和人工筛选相结合的方式，确保所选动量表达类型的多样性和数据的准确性。

基于 ECM 的"自主-依存"的动量词补位和状位的用法特征，调查其具体分布情况。据此，提出"句位依存"，分析专用动量词和借用动量词的句位义。

二 动量"自主-依存"之"句位依存"

（一）"句位依存"简述

某个语法位置经过长期使用后便出现一种倾向，反映在频率上多固定地表示一种或一些语法意义。如："主位"和"宾位"表示事物、事件，多由名词或名词性质的词填入；"定位"表示属性、范围或类别，多由形容词填入；"状位"表示状态、方式等，多由副词填入；"补位"表示结果，多由能表示动作结果的趋向词、形容词、副词、动量词等填入。这些句法位置的语法意义对所能填入构式的语法意义影响很大，使得构式能与对应句位上的语法意义趋同。现将这一观点归纳成图 1：

图 1 所反映的"句位依存"关系是"自主-依存"的延展，Langacker（1987）在论述"自主-依存"关系理论时指出序列是"构式要素成分逐

---

① CCL 语料库规模：4.77 亿字（1.06GB）。

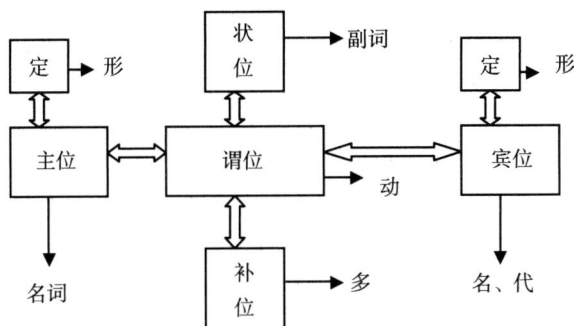

图1　汉语"句位依存"关系整体图解

次结合以能形成精细化复合构式的顺序"。本文提出的"句位依存"是基于汉语语法中语序的重要性而提出的，它是一种相对静态的位置关系，每个位置关系都能提供一个"详述位"，表示特定的语法意义，由具体的词类填入。

　　"句位依存"是指语句的每个位置都是一个抽象的句位图式，其中都包含了一个侧显的"e-site"，由满足该句位特征的具体语词填入，对其进行精细化描写。通常来说，每个位置都有待一些典型的、对其高度依存的具体词类来表达其特定的句法功能。

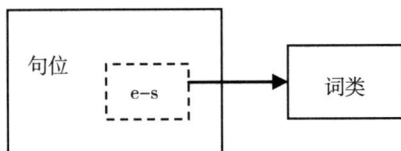

图2　汉语"句位依存"关系运作图

　　图2为汉语"句位依存"关系运作图，显示出其在句法操作中的具体运作过程。句位是比词类更抽象的语法形式，它本身就有意义，能决定词类的属性。用比喻的方式来说，句位是一座空房子，里面无任何东西。这有待房子主人来安排里面摆设什么样的家具，住什么样的人，在里面从事什么样的活动。同样，句位填入什么词取决于表达主体的交际需要。句位就像房子一样，它含有"详述位"，需要由具体的词类填入，形成不同的表达方式。从这个意义上讲，图式性构式也是"形功配对体"。Goldberg（2006：3—9）将构式定义为："形式与功能的规约性配对体（conventionalized pairings of form and function）。"并认为每个构式将某些形

式特征与"某一交际功能进行配对"①。可见，Goldberg 所指的"形"与
"义"主要是指"语法角色"和"语义角色"，"语法角色"包括语法关
系组合结构，而"语义角色"包括语义功能结构。基于 Goldberg 对构式
的定义，"句位依存"关系也是一种抽象的"构式"。此处"句位"是
"形"，是一种更高层次的图式性构式，同时这个句法位置也具有一定的
意义，其具体的功能执行要由一些词类来完成。

（二）"句位依存关系"与动量构式

动量构式的句法分布主要有"补位"和"状位"两种形式，依据上
文的"句位依存"假说，本文首先分析这两种句位的含义，然后再考察
它们的位置关系对动量构式意义的影响。

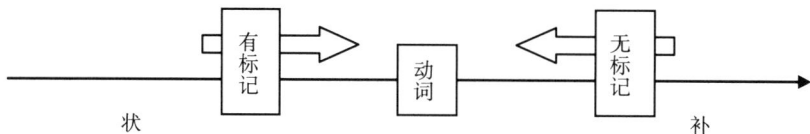

图3　"补位""状位"与标记理论

1."补位"和"状位"的句位义分析

第一，"补位"的句位义。

《现代汉语词典》（2012：104）中"补语"的定义为："动词或形容
词后边的一种补充成分，用来回答'怎么样？'之类的问题，如'听懂
了'的'懂'，'好得很'的'很'，'拿出来'的'出来'，'走一趟'
的'一趟'。"可见补语的位置一定是在动词或形容词后面，起到补充说
明的作用，表示动作行为的结果。根据"自主-依存"模型，（1）从横向
依存来看，动作结果可能会涉及其中的施事 E1 和受事 E2，这个动作使施
事或受事达到何种状态；（2）从纵向来看，动作结果可能是说明动作的
时长，表明动作起始或结束的时间；或者计量动作的频次；或者表明动作
进行的方向；或者说明动作的终点位置；或者动作产生的影响等。

从语义指向来看，结果义不仅指向谓语动词，还可以表达句中其他成
分的性质、状态。根据认知语言学的象似性原则，语言形式与所指意义之
间具有一定的理据性，人们用语言符号去临摹他所关注、所观察的世界的

---

① 原文为 Each pairs certain formal properties with a certain communicative function。

过程。如：顺序象似性的认知基础是按事件发生顺序来叙事。Langacker
的认知语法理论从人类对外部世界结构的感知过程去理解语言结构的种种
特征。

在时间轴上或人们的意念中有一个起始点和一个终止点，它必然会产
生一定的结果，可表现为"动作时间"和"动量频次"等。动作和该动
作产生的结果在时间上很显然有前后的必然序列，这与人们的感知顺序是
一致的。根据顺序象似性原则，表示结果意义的动量构式其典型位置应是
补位。

第二，状位的句位义。

《现代汉语词典》（2012：1714）中"状语"的定义为："动词、形
容词前边的表示状态、程度、时间、处所等的修饰成分。形容词、副词、
时间词、处所词都可以作状语。例如'你仔细看'的'仔细'（状态），
'天很热'的'很'（程度），'我前天来的'的'前天'（时间），'你这
儿坐'的'这儿'（处所）。状语有时候可以放在主语前边，例如'昨天
我没有出门'的'昨天'，'忽然他对我笑了笑'的'忽然'。"

在句法结构平面上，状语是谓词性偏正短语中的修饰成分；而在语义
结构平面上，状语并非只修饰后面的谓词，它可能与结构中的其他成分发
生直接和紧密的联系。

2. 动量构式的"补位"和"状位"

下面以动量词为例，具体阐释动量构式"补位"和"状位"的意义
差异。

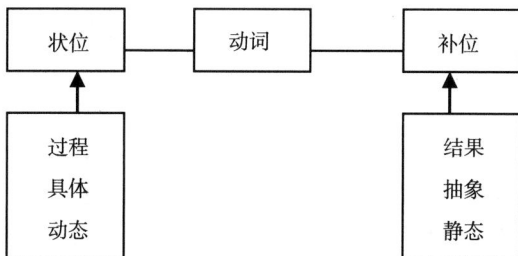

图4　补位与状位动量构式的语义区别

每个句法位置都有特定的句位意义，它由哪些动量词填入，取决于句
位义与动量词义的一致性。当动量词义与句位义具有较高的依存度时，这

个动量词对该句位进行精细化描写，便可自然地进入该句法位置；而当动量词与句位义的依存度较低时，这个动量词在进入该句法位置时则会受到较多的限制。因此，"状位"与"补位"的句位义是动量词能否进入该句位的根本原因。"状位"的典型句位义是方式，"补位"的典型句位义是结果或频度计量。

我们发现，动量构式占据补语位置，其基本语法意义是"计量动作的量"，也是其在典型句法位置即补语位置所表现出来的语法意义。动量词的语义多指向动词，在句中尽可能在距离上与动词接近；而处于"状位"的动量词产生了其他的附加义，一般语义不会直接指向动词，而是指向整个动作事件。

三　动量构式"句位依存"的表现形式

（一）专用动量构式的句位依存分布

动量构式按其句法位置可分两大类：补位动量构式和状位动量构式，其中补位动量构式又可分为：（1）补位单纯式；（2）补位宾前式；（3）补位宾后式三种。下面具体分析四种专用动量构式"句位依存"的分布情况：

1. 频次类动量词"次、回"的句位依存

首先，"次、回"的句位依存情况，见表1：

表1　　　　　　　频次类动量词"次、回"的句位依存分布统计

序号	动量词	总数	状位数量	状位比率	补位数量	补位比率	单纯式	宾前式	宾后式
1	次	108	41	37.96%	67	62.04%	35	4	28
2	回	183	11	6.01%	172	93.99%	101	9	62

表1反映出"次""回"在补位时，均是"单纯式"最多，分别占补位总数的52.24%和58.72%；"宾后式"位居其次，分别占补位总数的41.79%和36.05%；而"宾前式"最少，分别占补位总数的5.97%和5.23%。比例基本一致，说明在"频次"义的统领下，两者在补位上的用法基本相同。"次"和"回"是最典型的专用动量词，动量词发展到一定的成熟阶段，都有向这种分布靠拢的趋势。下面具体分析其句法分布。例：

[1] 他们在村边寨旁种植了大量发火旺、萌蘗力强的铁刀木，每隔二、三年轮换砍一次，把萌生的枝干当燃料和建筑用材。

[2] 罗森鲍姆先生手中握着这张王牌，给巴克利参议员打了两次电话。

[3] 去年年终考核一结束，他就带领由司政机关干部组成的工作组，用半个月时间，对所属连队、营部逐个走访，召开了座谈会十九次，听取了各类专业人员的意见。

例[1]用"砍一次"给动作"砍"计量，语义表达完整，不用带宾语；例[2]"打了两次"语义表达不完整，因此，要带上宾语才能达意。例[3]主要强调"召开座谈会"的次数之多，这种情况多用补位宾前式，如转换为补位宾后式"召开了十九次座谈会"也可，但没有达到强调"频次"的效果。这类用法主要是强调，已经具备了修辞格调，不是普通用法，所以分布不广。

因为专用动量词的语义比较泛化，通常要带上宾语，才能表达完整的含义，这也是其补位宾后式较多的原因。

[4] 就是锦林的工钱问题，组联会去找苏国富谈过一回，不买帐，送到区办事处，区办事处找他，还是那付老调，说是已经发过了。

[5] 二三里高山，一天砍五六回首蓿，跑几十里路，她全当游山玩景哩。

[6] 我埋怨过你多少回了——你早该知道了，安姐儿就跟她娘一样的小家子气，不上台盘。

例[4]"谈过一回"，可以表达完整的意义，因为动词本身的语义比较明晰，"谈话"已是一个完型构式存在心智之中，不言自明。例[5]如若去掉宾语，无法判断出"砍"的对象，不像例[1]根据上下文可推断出来，因此需带上宾语。例[6]表强调，并且也因宾语是代词，是已知信息，"埋怨你"和"多少回"也形成了三音押韵的格局。

总之，"次""回"在补位选择哪种形式，和其语义表达能否自足密切相关，如若语义表达可自足，则多用单纯式；如无法推断其确切含义，此时多带上宾语；表强化或需加强修辞效果时多用补位宾前式。

[7] 当社会上一些青年拉拢和引诱时，他便为了打抱不平而一次次聚众打架斗殴，从此走向歧路。

[8] 然而，为了它，王玲穿起那颇象"和尚服"的柔道服，一回回地交手搏斗，曾经顶住了围观的人群中多少好奇、疑惑、甚至是嘲笑的目光啊。

"回"在状位时，其出现频次明显低于"次"，原因在于"回"是表"时间段"频次的动量词，很少高频反复出现。语料显示，此类动量词在状位多以"一+动量的重叠形式"出现，强调不断地做某事，据此，"回"在状位就要受到限制，而"次"则不受此限制，出现频次更高一些。例[7]"一次次"和"一回回"语义基本相同，但"聚众打架斗殴"是平常事，随意性强，而"穿柔道服交手搏斗"，多是比赛场合，较正式，比赛也需要一定的时间，故一般不高频反复。

2. 数时类动量词"下、把"的句位依存

首先，"下、把"的句位依存情况，见表2：

表2　　　　　数时类动量词"下、把"的句位依存分布统计

序号	动量词	总数	状位数量	状位比率	补位数量	补位比率	单纯式	宾前式	宾后式
1	下	362	16	4.42%	346	95.58%	199	5	142
2	把	223	149	66.82%	74	33.18%	32	16	26

表2反映出"下""把"在补位时，均是"单纯式"最多，分别占补位总数的57.51%和43.24%；"宾后式"位居其次，分别占补位总数的41.04%和35.14%；而"宾前式"最少，分别占补位总数的1.45%和21.62%。两者比较，"单纯式"和"宾后式"的比例基本一致，但"宾前式"和"状位复合式"略有不同。原因在于"下"是一个成熟度较高的专用动量词，语义更泛化，而"把"是一个新生专用动量词，其泛化程度低，语义相对具体。下面具体分析其分布情况。例：

[9] 说罢缩入轿内，用手照着轿杠拍了三下，在保丁护拥之下，

轿夫们抬上他摇摇晃晃地走了。

　　[10] 李丽忙喊道:"宁,快过来,帮我扶一把!"

　　例[9]"拍了三下"和例[10]"扶一把"比较起来,前者语境提示因素较多,上下文明确指出受事和工具,而后者"把"的语义更具体,多为"与手相关"的动作,无须再说明。

　　[11] 以往老队长碰到这种茬口,他只消瞪起眼珠子拍几下桌子,几个班长就得乖乖地服从分配——他是船厂开山的八个祖师爷之一,连厂长都敬他三分,震几个班长还不是小菜一碟!

　　[12] 老人抹了一把眼泪哭诉着:"我出门卖茶有半个多月了。"

　　上述两例,"拍桌子"和"抹眼泪"都是固化度较高的动宾构式,在其中间加入动量词,使语义变得具体,因为"拍桌子"已经发生了隐喻转化,表示人生气、发怒,所以,只用"拍几下"无法体现出其所蕴含的意味,而"抹一把"也是不完整的,加上宾语"眼泪"才和后面的"哭诉"形成语义对应。

　　[13] 她掏出手帕来替那个小黑脸擦干了眼泪,带笑地拍了他几下。

　　[14] 臧延秀看她不吱声,推了她一把:"你聋了吗?"

　　例[13]"拍了他几下"和例[14]"推了她一把"都强调频次,但"一把"的这种用法更多一些,原因在于"一把"的语义与"手"相关,就含有"帮扶义",而"帮谁一把"这种构式很普遍,因此,其补位宾前式较"下"要多。"下"没有这种语义蕴含。

　　[15] 只是一下又一下地揪扯辫梢,揪着,揪着,忽然一甩辫子,仰脸格格大笑起来。

　　[16] 儿媳笑嘻嘻地提着篮子进厨房去;珠珠却急了,一阵风跑到妈妈身边,一把抓住篮子不放,"不能杀!"

"一下一下"表示快速高频的反复做某事，其分布比例不高，原因在于状位更加注重表示动作的状态方式，而"一下"的语义已经高度泛化，情景义不再凸显，更强调动作的时间短、速度快；而"把"则不同，它正处在转化初期，主要表示动作的迅速和时间的短暂，但其语义比"下"更具体，因此，状位是其语义和句法表现的最佳位置，故比例较高。

3. 累积类动量词"番、通、气、顿"的句位依存

表3　　　　累积类动量词"番、通、气、顿"的句位依存分布统计表

序号	动量词	总数	状位数量	状位比率	补位数量	补位比率	单纯式	宾前式	宾后式
1	番	62	11	17.74%	51	82.26%	38	/	13
2	通	59	2	3.39%	57	96.61%	43	2	12
3	气	73	34	46.57%	39	53.43%	35	/	4
4	顿	273	19	6.96%	254	93.04%	117	56	81

从表3可见，四个累积类动量词中，"番"和"气"没有补位宾前式，它们在补位的比例从高到低依次为：通 > 顿 > 番 > 气，在状位的比例从高到低排序如下：气 > 顿 > 番 > 通。

"番"的补位单纯式占补位总数的74.51%，补位宾后式占25.49%，没有补位宾前式。"通"的补位单纯式的比例为75.44%，补位宾后式为21.05%，补位宾前式比例很低，为3.51%。"气"的补位单纯式占89.74%，补位宾后式为10.26%，没有补位宾前式。"顿"的补位单纯式占补位总数的46.06%，补位宾后式占31.89%，补位宾前式占22.05%。下面依次分析呈现这种句位分布的原因：

（1）番

"番"的语义中具有"轮番"的意思，据刘世儒（1965：254）考证"在魏晋南北朝，'番'所表示的次数就总含有多次重复或反复出现的意味。它前边所结合的数词绝少是用'一'的"。据此，可推断"番"自身就蕴含"频次强化义"，这与"补位宾前式"的句位义重复，因此，"番"没有这种句位形式。

[17]"动身以前我也考虑过一番的，"她望着我，现出很抱歉的样子。

[18] 明成祖朱棣为了表示他的一片孝心，在建碑时着实动了一番脑筋。

[19] 在长达两小时的摧残中，几番被打，两次被烧，他表现了忠贞不屈的英雄气节。

例 [17] 是"番"的补位单纯式，"考虑"与"一番"组配后，表达经过一段时间的反复思量。由于"番"的语义中带有"繁复"义，对与其组配动词的语义起到了限制作用。因此，"番"的用例并不多。例 [18] 在"动脑筋"中间加入动量词"一番"，表示的意义更具体，这类词数量较多，"番"的补位宾后式多为此种类型。"番"在状位表达动作的复杂性。

（2）通

"通"的语义凸显了动作过程的"混乱"或"狂猛"，有宣泄义，其语义较具体，对准入动词的语义限制较大。

[20] 超过光速五倍的飞船上已不存在失重的问题，所以也用不着吃那种牙膏式的压缩食物了，完全可以象在地球上一样刀叉碟盘地大吃一通。

[21] 我真想拿炸药轰你一通。

[22] 我想，这些办法可能比我们干巴巴地讲一通道理强得多。

[23] 楼板格崩楞登一通响，像是滚下了一个铁蛋蛋。

"通"的四种构式与其语义密切相关，"通"更强调动作发生后的结果，因为情感的宣泄，重在结果，即"一通"之后怎样，而不强调宣泄的过程。所以，其状位复合式仅有 2 例。

（3）气

"气"，古人云："天地合气，万物自生。""一气"具有"一贯到底"义，而这样的过程需要很长时间，一般不强调动作的频次，所以没有"补位宾前式"。"气"的"累积整体义"更凸显，所以"一气"在状位的比例相对增高。

[24] 柳大翠饿坏了，一气把两碗大米饭扒拉进去，起身说：

"张书记，有你这话，俺这颗心就跌到肚里啦。"

[25] 解放前，这里的恶霸地主和土匪串通一气，横行霸道，鱼肉山区人民。

[26] 任务是顺利的分下去了，可是老王头是老经验，他回到办公室里算了一气账，心里就有点不放心，尤其是老李刚才那个眼神，有点奇怪，别是这些家伙搞什么鬼吧？

（4）顿

"顿"主要用于表达"集中进行"的饮食类行为或"急促宣泄"的斥骂行为的频次。"顿"对动词的语义限制比较集中，且固化度较高，所以，"顿"的四种构式分布比较均衡，尤其是"补位宾前式"比例较高。

[27] 高作家气呼呼地说，"那个老警说我骑的是反道，训了一顿还不算，还被他罚去了两元钱！"

[28] 这时已经是半夜三点多钟，大家才感到肚子有些饿，高高兴兴地吃了一顿饭，天明时起程回京。

[29] 邬叔叔骂了我爸爸一顿，说孩子不是家庭的私有财产，孩子是属于民族和国家的，应该让他到第一流的大学去深造。

[30] 苏福康被吊在梁上一顿狠揍，然后严士达递片子把他送进县大狱。

例［27］"训一顿"是补位单纯式，"顿"的补位单纯式中，与其共现的动词"训""吃"所占比例较大，并且受事宾语在上下文中均可找到，如本例中为"我"。例［28］"吃了一顿饭"是补位宾后式，在"吃饭"中间加入动量词"一顿"，语料显示这种构式比率很高，除了"吃饭"之外，"吃"后面也会接一些具体食物，如"面条、烤鸭"等。其余还有"挨骂、挨打、挨揍"等。"顿"的补位宾后式比率较高，与这些离合词密切相关。例［29］"骂了我爸爸一顿"是补位宾前式，这种构式在动量词"顿"中比例较高的原因在于，动词多为训斥打骂类，如"批评、数落、捶、打、揍"等，而宾语是被训斥对象，是已知信息，而该构式主要强调"骂了我爸爸"这件事，因此将"一顿"置于句末，表强调。例［30］"一顿狠揍"强调受事挨打的情景，整个语句对场景描述得较为详细。

4. 整体类动量词"遍、场1、场2、趟、遭"的句位依存

表 4   整体类动量词"遍、场1、场2、趟、遭"的句位依存分布统计

序号	动量词	总数	状位数量	状位比率	补位数量	补位比率	单纯式	宾前式	宾后式
1	遍	482	33	6.84%	449	93.16%	395	23	31
2	场1	97	—	—	97	100%	72	1	24
3	场2	30	—	—	30	100%	15		15
4	趟	220	8	3.63%	212	96.37%	172	19	21
5	遭	15	—	—	15	100%	13	1	1

"遍"的补位单纯式占补位总数的 81.9%，补位宾后式占 6.90%，补位宾前式占 5.12%。"场1"的补位单纯式比例为 74.23，补位宾后式为 24.74%，补位宾前式比例很低，为 1.03%。"场2"的补位单纯式占 50%，补位宾后式为 50%，没有补位宾前式。"趟"的补位单纯式占补位总数的 81.13%，补位宾后式占 9.91%，补位宾前式占 8.96%。"遭"的补位单纯式占补位总数的 86.66%，补位宾后式占 6.67%，补位宾前式占 6.67%。

13 个"专用动量词"的句位依存分布统计表显示，3 个动量词"场ₐ""场ₐ"和"遭"没有动量词在"状位"的形式。7 个动量词在补位的比例远远高于其在"状位"的比例，分别为"通 96.61%""趟 96.37%""下 94.88%""回 94.03%""遍 93.16%""顿 93.04%""番 82.26%"。动量词在"补位"的比例略高于其在"状位"的动量词共 2 个，分别为"次 62.04%""气 53.43%"。其中只有动量词"把"在"状位"的比例高于其在补位，其在状位的比例为 67.57%。它们的句位分布情况表明，动量词在"补位"是动量词在句中的典型位置。而动量词在"状位"的位置是非典型有标记位置。为什么"把"在"状位"的句位分布高于其在"补位"的分布，需要根据其在句法中的实际语例探究原因。13 个动量词通过穷尽性搜索得到的含有动量词的句子为 2196 条，动量词在"补位"可分为三种情况，其中"补位单纯式"1273 条，占总数的 57.97%，"补位宾前式"136 条，其所占比例为 6.19%，而"补位宾后式"459 条，占全部句例的 20.90%。动量词在补位的句子总数为 1868 条，占全部句子的 85.06%。而动量词在"状位"的句子总数为 328 条，

占总数的 14.94%。通过分析以上数据，我们发现专用动量词在"补位"的主要形式是"补位单纯式"，其次为"补位宾后式"，而"补位宾前式"的比例很低。这种分布态势可以用"自主-依存"模型的构式观做出合理解释。在 ECM 的"自主-依存"模型中，由于专用动量词的语义比较泛化，对动词的限制较小，有时，为了表义明确，多在动量词后面加上宾语。并且，有很多补位宾后式是插在离合词中间的，表示具体指称，因此，补位宾后式在这种情况下就产生了"具指义"。

（二）借用动量构式的句位依存分布

表5   "借用动量词"的句位依存分布统计

序号	动量词	总数	补位			补位		状位	
			单纯式	宾前式	宾后式				
1	眼	33	9	18	4	31	93.94%	2	6.06%
2	针	37	20	/	8	28	75.68%	9	24.32%
3	辈子	164	58	67	5	130	79.27%	34	20.73%
4	圈	227	197	10	18	225	99.12%	2	0.88%
5	跳	143	125	16	/	141	98.61%	2	1.39%

表5 为5 个"借用动量词"的句位依存分布统计表，动量词"针"没有"补位宾前式"，而动量词"跳"没有"补位宾后式"。全部借用动量词的"补位"比例都远远高于其在"状位"的分布，5 个动量词的例句总数为 604 条，其中动量词在"补位"的例句总数为 555 条，占全部句子的 91.89%，动量词在"状位"的例句总数为 49 条，占全部句子的 8.11%。

动量词在"补位"可分为三种情况，其中（1）"补位单纯式"409条，占总数的 67.72%，（2）"补位宾前式"111 条，其所占比例为18.38%，（3）"补位宾后式"35 条，占全部句例的 5.79%。

通过上述数据分析我们发现，借用动量词在"补位"的主要形式是"补位单纯式"，其次为"补位宾前式"，而"补位宾后式"的比例很低。这种分布态势可以用"自主-依存"模型的构式观作出合理解释。在 ECM"自主-依存"模型中，从横向来看，涉及动词和宾语的组配；从纵向来看，涉及动词和动量词的组配，补位的三种构式实际可从两个方面考虑：第一，动词后有没有宾语；第二，宾语和动量词的前后位置。

无论是借用动量词还是专用动量词，补位单纯式均最多，因为补位单纯式用于一般的动作计量，语义可以明示，而后面加上宾语或者宾语的位置变化，是为了表达动作主体的交际需要。语料分析表明，借用动量词的语义较具体，因此，置于动词之后，占据了同一 ECM 中相当于宾语的论元位置，所以，再出现宾语就显得累赘。因此，借用动量词的补位宾后式数量在四种构式中比例最低。

四　结语

本文主要论述动量构式在不同句法位置出现时的形式、语法意义及用法特征，以揭示句法位置对语义的制约与影响。

在 ECM 的"自主-依存"模型中，选用何种动量构式与动词和动量词本身的语义详略度密切相关。若动词或动量词的自身语义明确，或根据语境可推断出受事，多用补位单纯式。从动词的角度看，轻动词多带有宾语，从动量词的角度看，专用动量词带宾语的比率高于借用动量词，专用动量词内部各小类补位单纯式和宾后式的分布也存在差异。借用动量词内部，固化度越低、动量词带宾语的情况越少。因此，补位单纯式和补位宾后式的分布和"自主-依存"模型中动词和动量词的语义密切相关。严辰松（2006：11）认为，"构式的整体意义与词义是一种互动的关系。如作为构式的抽象句型，其配价来自进入其中的原型动词，然而构式一旦形成，便会反过来整合进入其中的其他非原型动词的词义，使之与构式的整体配价一致"。而补位宾后式和补位宾前式则和主体的表达需要密切相关，新旧信息，音节押韵等也会对其组配方式产生影响。

参考文献

［1］ Goldberg, A. E. 2006. *Constructions at Work*：*The Nature of Generalization in Language*. Oxford：Oxford University Press.

［2］ Langacker, R. 1987. *Foundations of Cognitive Grammar*, Vol. 1：*Theoretical Prerequisites*. Stanford：Standford University Press.

［3］ Langacker, R. 1991. *Foundations of Cognitive Grammar*, Vol. 2：*Descriptive Application*. Stanford：Standford University Press.

［4］ Langacker, R. 2008. *Cognitive Grammar*：*A Basic Introduction*. Oxford：Oxford University Press.

［5］Li Xuping. 2013. *Numeral Classifiers in Chinese*：*The Syntax-Semantics Interface*. Berlin：De Gruyter Mouton.

［6］Zhang, N. N. 2017. Unifying two general licensors of completive adverbials in syntax. *Linguistics*，55（2）：371-411.

［7］蔡燕：《现代汉语补位"一下"的语法化研究》，山东大学出版社 2016 年版。

［8］郭祥：《"X 下"的词汇化语法化探究—以"一下"为例》，《忻州师范学院学报》2019 年第 6 期。

［9］李晓蓉：《浅议动量短语的前置现象》，《汉语学习》1995 年第 2 期。

［10］李宇明：《"一量 VP"的语法、语义特点》，《语言教学与研究》1998 年第 3 期。

［11］刘世儒：《魏晋南北朝量词研究》，中华书局 1965 年版。

［12］刘艳丽：《非常规结构"N+一下"多角度分析》，《枣庄学院学报》2020 年第 4 期。

［13］马庆株：《动词后时量成分与名词的先后顺序》，《语言学论丛》第 13 辑，商务印书馆 1984 年版。

［14］秦洪武：《汉语"动词+时量短语"结构的情状类型和界性分析》，《当代语言学》2002 年第 2 期。

［15］王静：《"个别性"与动词后量成分和名词的语序》，《语言教学与研究》2001 年第 1 期。

［16］严辰松：《构式语法论要》，《解放军外国语学院学报》2006 年第 4 期。

［17］杨娟：《动量短语在句法结构中的位置及意义》，硕士学位论文，南京师范大学，2004 年。

［18］殷志平：《动量词前置特点论略》，《语法研究和探索（九）》，商务印书馆 2000 年版。

［19］张国宪：《略论句法位置对同现关系的制约》，《汉语学习》1998 年第 1 期。

［20］中国社会科学院语言研究所词典编辑室编：《现代汉语词典》，商务印书馆 2012 年版。

A Syntactic Analysis of " Autonomy and Dependence " in Its Positional Combination of Verbs and Verbal Classifiers

Wang Yanbin

Abstract: The combination of verb and verbal classifiers is realized because the classifier as dependent component provides a semantic vacancy, which can be filled by the verb satisfying the semantic conditions. There are two main positional relations between the verbal classifier and the verb in a sentence. One is the verbal classifier before the verb, and the other is the verbal classifier after the verb. We abstract the syntactic position into a positional vacancy, that is, positional dependency. The meaning of the verbal classifier in adverbial place is to express the way of action, while the meaning in complement place is the result or frequency of an action.

Keywords: Autonomy–Dependence; syntactic position dependence; adverbial place; complement place

《日语口语词典》中表达"羞耻感"词汇的认知对比分析

侯占彩

摘 要：本文对《日语口语词典》中表达"羞耻感"的词汇及其特征进行统计与总结，运用认知语言学、文化语言学和对比语言学的理论与方法对其进行多角度分析。研究表明：基于隐喻与范畴化的分析，可以更好地理解字面意义和惯用意义之间的关系，构建完整的语义网络；基于语言与文化关系的分析，可以更好地理解词汇所折射的日本人"羞耻感"的文化心理；基于原文和译文对比的分析，可以更好地阐释两者之间的异同。这对跨文化交际、日汉文化词汇翻译以及日语词汇教学都具有一定的启发意义。

关键词："羞耻感"词汇；隐喻与范畴化；文化；认知对比分析

一 引言

《日语口语词典》（潘钧，2020）的特色之一是词目内容涉及广泛，重点放在构成基本交际行为的会话、演讲等当中的词汇及表达形式，词目主要收录常用的语句（包含较长的词目）。尤其是分布比较明显的词汇，如表达"羞耻感"的词汇、动植物的词汇、自然现象的词汇、身体的词汇、象声词汇等多个方面。

表达"羞耻感"的词汇一直备受学界的关注，国内外众多学者进行了相关研究（森本，1988；金田一，1992；王健宜，1999；侯占彩，2005；陈端端，2010；郑思严，2012 等）。森本（1988）探讨了有关

作者简介：侯占彩（1979— ），女，山东财经大学外国语学院，副教授，研究方向：汉日语言文化对比；认知语言学与日语教学。

"顔"的多种表达以及日本人重视由"顔"代表的"面目""体面"，也就是"名誉"。金田一（1992）探讨了表达日本人文化心理"羞耻感"的多种表达方式。王健宜（1999）探讨了「恥ずかしい」等词语表达的日本人羞耻意识。侯占彩（2005）运用对比语言学和文化语言学的理论和方法对汉日语词典中有关"名"与"耻"词汇的语言特征以及折射的文化意义进行了探讨。陈端端（2010）论述了"羞耻"与"面子"的词汇使用意识以及中日自我评价方式比较。郑思严（2012）结合认知语言学的人体隐喻理论进一步做了分析，但并没有运用认知语言学的其他理论进行深入考察。上述研究理论和方法主要集中在文化语言学与对比语言学，认知语言学有所涉及但仅局限于人体隐喻，研究对象缺乏口语词典中的语言素材。因此，本文拟对《日语口语词典》中表达"羞耻感"的词汇及其特征进行统计与总结，运用认知语言学、文化语言学和对比语言学的理论与方法对其进行多角度分析。这对有效地实现跨文化交际、日汉文化词汇翻译以及日语词汇教学都具有一定的启发意义。

二 《日语口语词典》中表达"羞耻感"词汇的统计

赤っ恥を掻く・穴があったら入りたい・いい根性してる・顔が利く・顔から火が出る・顔に泥を塗る・肩身が狭い・格好悪い・株を上げる・決まりが悪い・沽券に関わる・忸怩たる・しゃあしゃあと・図々しい・図太い・世間体・立つ瀬がない・てへっ・照れる・何の面下げて・抜け抜けと・ばつが悪い・はにかむ・人見知り・みっともない・メンツ・面目が立つ・面目ない・もじもじする

此外，《日语口语词典》的其他特色也丰富了表达"羞耻感"的词汇。该词典的特色之二是词目释义解说详细丰富，语义解说标明词源，注重义项之间的关联；说明使用的场合与对象，并附带例句，提供丰富的语用信息；相关的近义、反义表达、感情色彩也都有所阐述。「いい根性してる」的近义表达有「たちが悪い」「心が曲がっている」、「てへっ」的近义表达有「エヘッ」「てっぺろ」、「照れる」也常用「照れくさい」、「はにかむ」有时也用名词形「はにかみ」、「図々しい」的近义表达有「あつかましい」、「人見知り」的近义表达有「照れ屋」「はにかみ屋」「シャイ」、「赤っ恥を掻く」的近义表达有「面目丸つぶれ」、「株を上げる」还可以用「株が上がる」的形式、反义表达有「株を下げる」、「沽券に関わる」的近义表达有「面目を失う」「男がすたる」、「立つ瀬がない」的近义表达有「立場がない」、「面目が立つ」的近义表达有「顔が立つ」、反义表达有「面目が立たない」「面目がつぶれる」（区别词数统计）。《日语口语词典》的特色之三是词目用法说明全面，语言简洁、通俗易懂，注重词与词之间的连接（搭配）。「世間体」的词语搭配有「世間体を考える」「世間体を気にする」「世間体が悪い」、「面子」的词语搭配有「面子が立つ、つぶれる」「面子に関わる」「面子を立てる、つぶされる」。

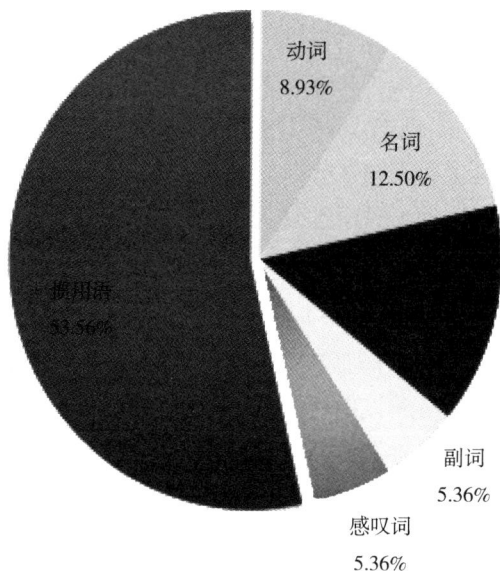

图1　《日语口语词典》中表达"羞耻感"词汇的统计结果

根据图1的统计结果，可以看出《日语口语词典》中表达"羞耻感"词汇的分布特点和所占比率。其中惯用语最多，占53.56%，超过其他词性数量的总和；其次是形容词，占14.29%，接近动词和副词数量的总和；然后依次是名词占12.50%、动词占8.93%、感叹词和副词数量相当，各占5.36%。

三　《日语口语词典》中表达"羞耻感"词汇的特征

以上统计的《日语口语词典》中表达"羞耻感"的词汇具有以下词

源、词义、语法、语体以及构词等方面的特征。(1) 词性全面。如名词「世間体・メンツ・人見知り」,动词「照れる・はにかむ」,形容词「図々しい・みっともない・格好悪い・図太い」,副词「しゃあしゃあと・抜け抜けと」,感叹词「てへっ」。(2) 和语词汇相对丰富。如「しゃあしゃあと・図々しい・てへっ・照れる・何の面下げて・抜け抜けと・はにかむ・人見知り・みっともない・もじもじする」等。(3) 语义网络清晰,感情色彩鲜明。如「みっともない」的近义表达有「かっこ悪い」「ださい」「見苦しい」、「面目が立つ」的近义表达有「顔が立つ」和反义表达有「面目が立たない」「面目がつぶれる」等。表达贬义感情色彩的词汇如「しゃあしゃあと」「決まりが悪い」「ぬけぬけと」「みっともない」;表达褒贬感情色彩的词汇如「図々しい」。(4) 社会变体即位相差别很大。中老年人多用「穴があったら入りたい」「何の面下げて」、老年男性多用「面目ない」、年轻女性使用「てへっ」。(5) 构词方面合成词和转类的结构类型凸显,如合成词中的复合词「図太い」「かっこ悪い」「見苦しい」「面目丸つぶれ」、派生词「照れ屋」「はにかみ屋」「照れくさい」、转类「はにかむ」的名词形「はにかみ」。(6) 惯用语形式、自他动词以及其反义表达和肯否定形式居多。其中有关身体词汇的惯用语最多,如「顔が利く・顔から火が出る・顔に泥を塗る・肩身が狭い・面目が立つ・面目ない」。自他动词以及其反义表达和肯否定形式,如「面子が立つ、つぶれる」和「面子を立てる、つぶされる」、「株を上げる」和「株が上がる」「株を下げる」、「面目が立つ」和「面目が立たない」等。

笔者认为《日语口语词典》中表达"羞耻感"词汇的特征也恰如其分地说明了日语和语词和汉语词在折射和传承日本文化中的各自载体功能。和语词作为日本最初始、最核心的词汇,表达的是这个民族、国家最原始的社会状态及其民族、社会形成发展的核心文化和传统。特别是和语形容词成为日本人表达个体情感世界、评价外界事物、感触自然的主要符号体系。同时,运用和语形容词进行情感表达的后代日本人,自然而然地承袭了这一语言表达习惯及其背后蕴藏的文化心理(王健宜,2013)。从表达感情的词汇来看,日语中虽然和语词偏少,但经汉语词补充后也十分丰富,能够把心理感觉、感情等表达得细腻而淋漓尽致。例如「恥、間、息、呼吸、勘、察し」等不同的心理感受表达得更为细致到位(张岩红,

2014）。

四　基于语言学的多角度分析

表达"羞耻感"的词汇这一表述体现了语言与文化的关系，对其要借助于认知才能更好地理解与把握，对其在例句中原文和译文不同的表述要借助于对比才能更好地阐释。文秋芳（2014）指出认知对比分析的对象是人的认知方式和概念化体系，不止步于差异的表述，更重要的是在认知层面上解释造成差异的原因。因此，下面运用认知语言学、文化语言学和对比语言学的方法和理论对其进行多角度分析。

（一）基于认知语言学的分析

对于上述《日语口语词典》中表达"羞耻感"的词汇主要运用认知语言学的内省法、隐喻和范畴化理论从以下两个方面进行分析。

首先，惯用语的字面意义和惯用意义之间的关系。吴宏（2012）提出认知语言学认为惯用语的惯用意义与其构成要素意义之间的关系并不是任意的，而是有理据的。关于惯用语的理据性问题，山梨（1995）也指出在惯用语字面意义向惯用意义的语义扩展过程中，以相似性为基础的隐喻认知机制和以邻近性为基础的转喻认知机制都发挥了重要作用。陈家旭（2005：89）认为根据认知理论，人类一般最先认识和了解自己的身体及其器官并形成概念，然后借用自己身体的某个部位或者器官的功能特点构成概念隐喻，用来认知另一领域的事物。人类将身体的各个部位以及各种方式投射于客观世界，采用人体隐喻化的方式来认知世界。森本（1988）认为日本人非常重视"顔"，代表着人格，甚至名誉与权力等。对于日本人来说代表人格的"顔"也就是"面"，"面"也就是"表"，承载着颜面、体面，也就是名誉。鑑（1998：14）也认为"恥"的感觉体现在身体的全部，又会体现在代表自己的"顔""目"。笔者认为上述表达"羞耻感"的惯用语则体现了这一认知特点。

认知语言学重视语言的人文因素，将语言与文化融为一体，不仅为我们在语言上实现人文合一提供了理论依据，而且可以使我们的日语表达更准确，更严谨（李远喜，2004：86）。这些惯用语的语义已经不限于字面意义，而是通过隐喻的映射作用，由具体的身体部位所表达的字面意义扩展到日本人"羞耻感"的文化心理这一抽象领域。曹向华（2020）认为比喻义是惯用语形成过程中语义演变的典型现象，对其的分析有利于揭示语义演变的基本轨迹，有助于语言使用者利用本义推测和理解比喻义。惯用语则是通过映射惯用语源域中的认知布局、结构关系或是部分重要特征转移到目标域中，从而产生比喻义。上述表达"羞耻感"的惯用语文化语义映射（见图2）。

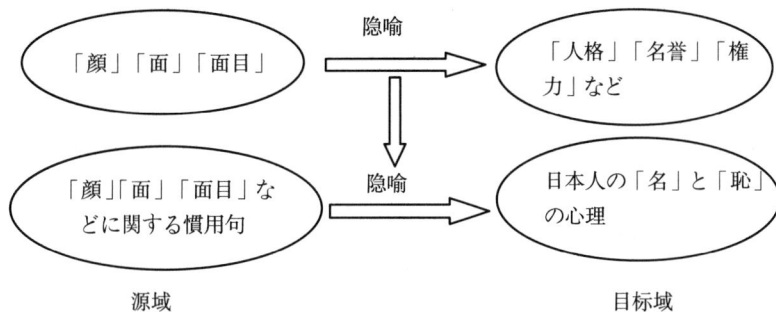

图2　"颜"等惯用语的文化语义映射

其次，《日语口语词典》中表达"羞耻感"词汇的语义网络构建。原型范畴观：原型及与之相似的成员被归类于一个范畴。网络范畴观：在前述范畴观的基础上，加上图式的观点，认为由原型和图式赋予范畴特征。范畴的网络不仅能够引起横向扩展（如将非典型的也包含进去），还能引起向上的扩展（抽出共同点、形成图式的过程）。这种范畴化伴随有横向的扩展和向上的图式化（潘钧，2015）。《日语口语词典》中表达"羞耻感"词汇的范畴化过程（见图3）。

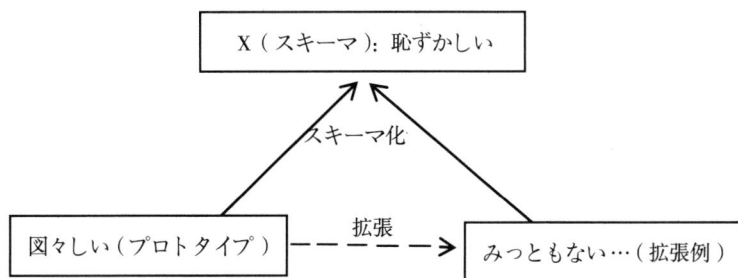

图3　表达"羞耻感"词汇范畴化的过程

在《日语口语词典》中表达"羞耻感"词汇范畴化的过程中，「図々しい」是原型，表达"羞耻感"的其余词汇是相似的成员，同属于表达"羞耻感"这一范畴。「恥ずかしい」是图式意义，表达这一范畴所有家族成员即所有词汇的共同意义。这一范畴的网络通过横向扩展将非典型的「みっともない」或者其他相似的成员即其余词汇也包含进来，也引起向上的扩展即抽出所有家族成员的共通点、形成图式「恥ずかしい」的过程（也是原型「図々しい」和扩展例「みっともない」等图示化的过程）。兰盖克认为语言习得的过程与范畴化的过程是一样的（潘钧，2015：74）。因此，上述表达"羞耻感"词汇范畴化的过程分析有助于学习者系统学习、记忆目标语词汇，通过接触具体例子自下而上抽出规则完成，进而构建和形成自己的表达"羞耻感"词汇的完整语义网络。

（二）基于文化语言学的分析

苏新春（2006）认为精神文化反映的是人的内心世界，因而潜藏在文化系统的深层，是其内核。词的文化义与词的语言客观义互相包含，交叉存在，文化意义不仅存在于词义范围，也存在于词的结构方面。因此，可以说上述统计的词汇折射了日本人的内心世界，即"羞耻感"的文化心理。《日语口语词典》的特色之四是例证形式独特，为了明示用法，该词典每个词条都选用了会话方式呈现该词条的具体使用语境，尝试将各种各样的情景场面纳入词典中。因此，下面以《日语口语词典》中部分例句的情景对话为文本，进一步体验和认知上述统计词汇的语义以及日本人"羞耻感"的文化心理。

　　（1）A：竹内君、あのプレゼンはなんだ。資料は誤字脱字だらけだし、説明はしどろもどろだし。お得意様の前で<u>赤っ恥をかいた</u>じゃないか。

　　（竹内，你那份报告计划书做得什么呀！满篇错字漏字，文字叙述也条理不清。当着老客户的面，我真想<u>钻个地缝溜了</u>算了。）

　　B：課長の信頼を裏切るような結果になって。本当にすみません。

　　（辜负了科长的信任，真是对不起。）　　　　　　　　（p.9）

　　（2）A：会議中に、隣の席の青木さんが小声で話しかけてきて、何かと思ったら、「ズボンのチャックが…」って言われてさ。恥ずかしいったらなかったよ。<u>穴があったら入りたい</u>っていうのはまさにこのことだね。

　　（开会的时候，邻座的青木悄悄跟我说话。我还以为是什么事呢，他说："你的裤子拉链……"当时我羞得要命，<u>真想找个地洞钻进去啊</u>。）

　　B：だね。それにしても青木さん、よく気がついたね。

　　（可以想象。不过话又说回来，青木还真细心呐。）　　（p.33）

　　（3）A：木村のお父さんって元プロ野球選手で、野球業界では結構<u>顔が利く</u>らしいよ。

　　（木村的父亲原先是职业棒球选手，在棒球界很<u>吃得开</u>。）

　　B：えーっ、じゃあ、真鍋選手のサイン頼めないかな!?

　　（是吗，那就托他帮我搞到选手真锅的签名吧?!）　　（p.249）

　　（4）A：発表が終わった後で鏡を見た時に、歯に海苔が付いてるのに気づいたんだ。思い出すだけで<u>顔から火が出てくる</u>よ。

　　（发表结束后，我照了一下镜子，发现牙上沾了紫菜。一想起这个，我就<u>觉得难为情</u>。）

　　B：みんな、気を遣って見て見ぬふりしてくれてたのね。

　　（大家都努力装着没有看到的样子。）　　　　　　　　（p.249）

　　（5）A：料理、プロ並みだね。お店で食べるのよりおいしい

　　（你做的菜可以和专业厨师相媲美啊，比在店里吃到的还好吃。）

　　B：そんなに褒められると<u>照れる</u>よ。

　　（被你这样表扬，我怪<u>难为情</u>的。）　　　　　　　　（p.748）

　　（6）A：飯田橋出版から内定が出たんだけど、どうしようか迷ってて。

　　（饭田桥出版已经内定录用我了，我不知道该怎么办了。）

　　B：教授からの推薦なんでしょ? 断ったら、先生の<u>顔に泥を塗る</u>ようなことになるんじゃない?

　　（是教授推荐的吧。要是拒绝的话，不是<u>有损</u>教授的<u>面子</u>吗?）

　　　　　　　　　　　　　　　　　　　　　　　　　　（p.250）

　　（7）A：お母さんの時代は、40にもなって結婚してない女性は<u>肩身が狭かった</u>ものよ。

　　（妈妈生活的那个年代，女人到了四十岁还没结婚，就会觉得<u>很没面子</u>。）

　　B：今はそんなことないよ。そんな考え方は古いって。

　　（现在不会了，这种想法太过时了。）　　　　　　　　（p.266）

（8）A：あれだけ大丈夫だって断言したのに、やっぱりダメだったなんてね。

（我们都打包票说没问题了，可结果还是失败了。）

B：何だか決まりが悪いよねぇ。明日、学校行けないよー。

（总觉得很没面子啦，明天都不敢去学校了。）　　　　　（p.329）

（9）A：あれ、この問題、難しいなあ。どうなってるんだ。

（咦？这个题目好难呀。怎么做呢？）

B：先輩、大丈夫ですか。これ高校1年生向けの問題ですよ。できないと、先輩としての沽券に関わりますよ。

（学长，行不行啊？这可是高中一年级的题目哦。要是不会做，可有碍学长你的面子呀。）　　　　　（p.403）

（10）A：自分は何も手伝ってないのに、参加だけするなんて図々しいよね。

（自己什么忙都不帮，还觍着脸来参加，脸皮真够厚的。）

B：ほんと、あの人いっつもそうよね。

（就是啊，那人总这样。）　　　　　（p.558）

（11）A：あの子、30過ぎて定職にもつかず、これからどうするのかしら。世間体が悪いったらありゃしない。

（那孩子，都过三十了还没份儿正经工作，以后怎么办啊！脸面都被丢尽了。）

B：まあ、ミュージシャンになりたいって自分なりの夢があるんだから、いいだろ。

（他不是说要当音乐家吗，随他去吧。）　　　　　（p.589）

（12）A：せっかくこの委員会のためを思ってやってきたのに、会議の場であんなふうに言われては、僕の立つ瀬がないよ。

（我向来都为委员会着想，可在会上被说落成那样，我的脸都没处搁了。）

B：ほんと、あの言い方はちょっとひどいですよねえ。

（真是，那样说你真得有点儿过分了。）　　　　　（p.647）

（13）A：今回の井口課長のクレームへの対応、冷静沈着だったね。

（这次井口科长处理投诉真的是沉着冷静啊。）

B：さすが課長。これでまた株を上げたね。

（不愧是科长，这下又要名声大噪了。）　　　　（p. 282）

（14）A：あの男の子、いつも挨拶してくれるよね。

（那个男孩总是跟我们打招呼。）

B：しかもちょっとはにかんで。かわいいよね。

（而且，还有点儿难为情。好可爱啊。）　　　　（p. 928）

（15）A：二人とも、人前で喧嘩するなんて、みっともないことはやめなさい。

（你们俩当着大家的面吵架，太丢人了，快别吵了。）

B：だって、お兄ちゃんが悪いんだよ。

（可是，是哥哥不对啊。）　　　　　　　　　　（p. 1115）

　　下面运用文化背景透析法分析，即通过这些表面的语言现象去剖析更深层的文化内涵和文化背景（王健宜，2013）。笔者认为上述词汇所表达的日本人这种"羞耻感"文化心理并不是形成于朝夕之间，而是有着悠久的历史和文化的背景。王健宜（1999：7）认为长期以来，日本人已经完全习惯了在一个狭小、封闭的集团空间中生活，他们每时每刻都在注意着他人的眼色、目光行事，羞耻意识即源出于此。若想赢得周围的尊敬，则更要谨言慎行，否则"便会因「後ろ指をさされる」"而「面目がない」。只有在人地生疏的情况下，这种无形的制约才能有所减轻，所以有「旅の恥は搔き捨て」之说。山田（2008：11）认为羞耻意识成为克服失败、弱点，促使达成努力的力量源泉，而且在某些方面成为过分显示自己、控制追求自我利益以及骄傲的警惕，也是形成日本人谦虚谨慎、成为连接纽带，甚至日本共同体的基本感性的认识。藤田（2018）认为情义分为对社会和名的情义，在日本如果从"自己的名声""名誉"的基准来看，两者属于同一范畴，讲究避免自己与他人之间关系紧张，招致耻辱机会的方略。也就是说日本人的这种"羞耻感"来自家人和陌生人之间的熟人如村落、学校、公司等所归属的集团。在日本社会生活中，对许多日本人来说，被评价为忠诚自己的小集团，受到上司和同伴的赞赏是一种莫大的荣誉，然而背叛自己的集团，被人指责为不忠是莫大的耻辱。因而「恥知らず」对于日本人来说是最刺耳、最难听的恶言。从文化的角度看，众所周知，中国的儒家思想对日本产生了重要的影响。日本学者森

（1995：119）认为中国"耻的文化"倾向更强一些，"耻的文化"的真正发源地是在中国。笔者认为儒家把"礼、义、廉、耻"所谓四德思想树为立国的四根支柱。这种观念同样也渗透于日本人的价值意识之中。在德川时代，德川家康提倡用儒学教化武士，以便让武士提高廉耻心，养成自重的习惯，注重道义上的修养。「ハジをカカヌように」这一精神至今仍然作为日本人的伦理道德和行为规范的重要准则。

（三）基于对比语言学的分析

《日语口语词典》的特色之五是译文忠实通顺，译文力争结合原文所传达出来的日常性、口语性特点，注意从日常汉语的口语表达中寻找较为匹配、贴切的表达形式和风格，以求译得生动、准确和传神，尤其是具有日本特点的词汇。结合语用、文化以及认知，将上述例（1）—（15）的原文和译文进行对比，发现具有以下三个方面的特点。

第一，例（1）—（5）采取了直译。例（1）中的「赤恥」表示"不折不扣的耻辱"，用于在他人面前感到十分羞耻，有可能的话甚至想从现场马上消失。例（2）中的「穴があったら入りたい」表示因犯了非常愚蠢的过错，感到非常羞愧，甚至到了身旁若有地洞希望钻进去藏起来的程度。例（3）—（4）中的「顔」一词有"人的脸面""社会名誉"的意思。「顔が利く」表达在某些时候可以靠自己的名字或面子谋求方便。用于门路广、有关系、有信用的人。「顔から火が出る」源自经历非常难为情的事情时，会出现脸色变红、身体发热的状况。例（5）中的「照れる」指被他人赞扬或取笑而感到难为情的样子。有时会伴随用手遮脸、挠头之类的动作。笔者认为通过上述5例语义的解释以及原文和译文对应的相似表达，可以看出深受儒家文化影响的中日两民族对上述例句中表达"羞耻感"词汇语义的认知具有共同特点，因而采取了直译的方式。

第二，例（6）—（12）中的原文运用了不同的表达方式，而译文则译为"有没有面子、脸面或颜面"，即原文和译文不对应现象。例（6）「顔に泥を塗る」用于让本应接受报恩的人或组织为其丢脸的行为。例（7）中的「肩身が狭い」因能力、财力等不足，无法采取与社会普通人一样的行动而感到羞愧。例（8）中的「決まりが悪い」表示比起失败本身，失败之后在众人面前难为情则更让人心神不宁。例（9）中的「沽券」表示体面、评价、价值或品位等，用于表示在以上方面出现了问题，或有可能对相关评价等带来负面影响。例（10）中的「図々しい」用于表示给别人添了麻烦也满不在乎、任由自己的性子做事而全然不顾他人。绝大多数情况下用于贬义，表示自私任性，不知羞耻。例（11）中的「世間体が悪い」指身处世间的体面、面子，即社会或周围人对自己的社会地位、头衔、门第等的看法或评价。例（12）将在下面进行分析。

对于这一特点，中日学者们都有论述。松本（1988：190）指出：中国人的爱惜名声和日本人的知耻有异曲同工之妙。不过中国人在心理上比较开阔。爱惜名声的感情也包含了知耻之心……此外，从"爱惜名声"的心理衍生出中国人特有的"面子"问题。但森（1995）认为由耻而产生的"名"在日本和中国有所不同，日本政治形态中出现的武士阶层强调了荣誉心，而中国的科举产生了面子。荣誉心来自个人的尊严意识，面子是一种朝向社会的外在的意识。李富强（2019）认为儒家的"耻"观念是"脸"与"面子"的真正内核，"脸"是面对自我的道德性的耻，它是以耻为标识的人格尊严的"形象"。而"面子"则是面对他者的社会性的耻，它是作为人格尊严之形象的"脸"在他者心里留下的特定心理地位。张旭山（2019）指出渴望别人给面子，保住自己的面子，给他人面子，这在中国人是必须具备的意识，也可以说是中国人的集体潜意识最基本的心理组成部分。因此，笔者认为中日两民族深受上述"名与耻"文化的制约，但其内涵和外延又有所区别。

王健宜（2013）认为文化的心理层次是人类构建并描摹其主观世界的活动所形成的全部产物，包括价值观念、思维方式、审美趣味、情感表达方式等，它所反映的是人与自身的关系。语言作为文化心理层次一个特殊而又重要的内容，对文化系统的不断发展起着重要的指导作用。人们对于世界的认知通过语言符号反映出来。同时，语言又会对人的思维方式、认知方法产生影响，两者相互作用相互推动，对文化心理的构建起了很大的作用。何自然（2006：69）指出我们基于体验哲学和认知语言学的基本理论提出了语言世界观多元论，认为现实、认知、语言和文化这四要素之间存在一个"多元相互作用的关系"。王寅（2007：88—89）认为虽然大家面临同一个现实世界，但由于各自选择的认知方式不完全相同，因此不同民族反映在各自语言上的认知结构和概念化系统存在着明显差异。因此，笔者认为由于深受中日"名与耻"文化的制约，导致中日两民族对"名与耻"文化认知思维方式的差异，因而在日汉翻译过程中选择不同的语言表达，即汉语的译文和日语的原文不同，更多地译为"有没有面子、脸面或颜面"。

第三，例（12）—（15）中的译文都翻译成了原文的比喻义。例（12）「立つ瀬がない」中的「瀬」指人可以徒步涉过的浅水滩，表示没有浅得能让人站得住的地方，转指没有自己的立足点。用于自己觉得干得很努力，可对方不予承认、没有面子的场合。例（13）「株を上げる」中的「株」是"股价"的意思，指通过做某事，所获评价就像股价上涨一样大幅度提高，因而译为"提升在社会上的人气或评价、名声大噪"。例（14）「はにかむ」原指牙齿排列不整齐、把牙齿漏在外面的意思，转指害羞的样子或表情。例（15）「みっともない」本义是不想看、不愿看，转指其外观或行为到了让人看到丢人的程度。笔者认为中日两民族对上述比喻语义的认知具有共同特点，借助以两种事物在形态或功能等方面的相似性为基础的隐喻认知机制理解从一种意义衍生出另一种意义，即由表达具体事物的源域向表达抽象"羞耻感"文化心理的目标域的映射。

五　结语

综上所述，《日语口语词典》中表达"羞耻感"的词汇丰富，特征显著。基于隐喻与范畴化理论的分析，可以更好地理解字面意义和惯用意义之间的关系，构建完整的语义网络；基于语言与文化关系理论的分析，可以更好地理解词汇所折射的日本人"羞耻感"的文化心理；基于原文和译文对比的分析，可以更好地阐释两者之间的异同。基于语料库对日语中表达"羞耻感"的词汇进行更系统、更全面、更深入的研究是今后需要继续探讨的课题。

参考文献

［1］金田一春彦：《日本語》，岩波書店 1990 年版。

［2］鑪幹八郎：《恥と意地 日本人の心理構造》，講談社 1998 年版。

［3］藤田昌志：《ベネディクトの日本論−人と『菊と刀 日本文化の型』第七章−第一三章の考察とベネディクトの評価についての比較文化学的考察−》，《三重大学国際交流センター紀要》2018 年第 13 期。

［4］森本哲郎：《日本語 表と裏》，新潮社 1988 年版。

［5］山田隆信：《日本人と「恥の文化」》，《目白大学短期大学部研究紀要》2008 年第 44 期。

[6] 山梨正明：《認知文法論》，ひつじ書房 1995 年版。

[7] 曹向华：《惯用语比喻义的隐喻阐释及对辞书释义的启示》，《辞书研究》2020 年第 1 期。

[8] 陈端端：《意识与表达——寻找认识中日语言文化的途径》，厦门大学出版社 2010 年版。

[9] 陈家旭：《英汉语人体隐喻化认知对比》，《聊城大学学报》2005 年第 1 期。

[10] 李远喜：《认知语言学与日语学习》，《日语学习与研究》2004 年第 3 期。

[11] 李富强：《中国人日常生活中的"耻""脸"与"面子"——对近代以来国民性批判中的"面子问题"之省思》，《海南大学学报》2019 年第 5 期。

[12] 何自然：《认知语用学——言语交际的认知研究》，上海外语教育出版社 2006 年版。

[13] 侯占彩：《关于"名"与"耻"词汇的中日对比研究》，硕士学位论文，山东师范大学，2005 年。

[14] 王健宜：《文化语言学》，高等教育出版社 2013 年版。

[15] 张岩红：《汉日对比语言学》，高等教育出版社 2014 年版。

[16] 潘钧：《日语口语词典》，商务印书馆 2020 年版。

[17] [日] 荒川洋平、木山新：《写给日语教师的认知语言学导论》，潘钧译，浙江工商大学出版社 2015 年版。

[18] [日] 森三树三郎：《名与耻的文化——中国、日本、欧洲文化比较研究》，王顺洪编译，《中国文化研究》1995 年第 2 期。

[19] [日] 松本一男：《中国人与日本人》，欧阳文译，新潮社文化事业有限公司 1988 年版。

[20] 苏新春：《文化语言学教程》，外语教学与研究出版社 2006 年版。

[21] 王健宜：《语言表达与日本人的感情世界》，《日语学习与研究》1999 年第 3 期。

[22] 王寅：《认知语言学》，上海外语教育出版社 2007 年版。

[23] 文秋芳：《"认知对比分析"的特点与应用》，《外语教学理论与实践》2014 年第 1 期。

[24] 吴宏：《从认知角度看日语人体词惯用语的语义构建》，《解放军外国语学院学报》2012 年第 4 期。

[25] 张绪山：《中国人的面子与面子观》，《史学月刊》2019 年第 3 期。

[26] 郑思严：《日汉羞耻感表达的对比研究》，硕士学位论文，黑龙江大学，2012 年。

A cognitive contrastive analysis of the vocabulary expressing "shame" in oral Japanese Dictionary

Hou Zhancai

Abstract: This paper makes a statistical analysis of the vocabulary expressing "shame" and summary of their features in oral Japanese Dictionary, and analyzes them from several angles based on the theory and methods in Cognitive Linguistics, Cultural Linguistics and Contrastive Linguistics. Research suggests that we can better understand the relationship between literal meaning and idiomatic meaning, and construct a complete semantic network based on the analysis of metaphor and categorization; we can better understand the Japanese "shame" cultural psychology reflected by vocabulary based on the analysis of the relationship between language and culture; the similarities and differences between the original and the translation can be better explained, based on the contrastive analysis. This paper has an enlightening significance to Intercultural Communication, the Translation of Culture – Loaded Words and Vocabulary Teaching of Japanese Language.

Keywords: Vocabulary of shame; Metaphor and Categorization; Culture; A cognitive contrastive analysis

俄汉语工具范畴的对比研究

王 翠

摘 要：本文分析了俄汉语中工具范畴的概念、分类和语义特征，特别关注了俄汉语言中工具范畴的表达形式及典型句法体现和表达模式。从认知的角度分析了俄语和汉语中工具意义表达的语序，并且在突显理论及焦点知觉和附属知觉的基础上比较了俄汉民族认识世界的特征和俄汉民族独特的思维方式。通过工具意义的表达方式，可以看出俄语中的工具表达注重遵循抽象的逻辑顺序，而汉语中的工具表达则符合现实的时间顺序，强调语序与现实的相符。

关键词：工具范畴；对比；句法位置；认知分析

一 引言

学习使用工具是人类进化史上的一个重要里程碑。自从各种工具进入人类的生活，人类语言开始对此有所反映。几乎所有语言都具有"工具"范畴。根据洪堡特关于"民族精神"及其语言相关性的学说，工具范畴在不同语言中的表达各不相同。认知语言学的理论认为人类社会中的世界用语言表达，对世界不同的认知方式不可避免地导致语言表达各不相同。总之，不同民族语言中的工具范畴在语义表达和认知方式方面存在差异之处。我们将主要对比俄语和汉语中工具范畴的概念、语义、工具范畴的表

基金项目：本文系陕西省社会科学基金项目"语言类型学视野下俄汉实现事件的对比与翻译研究"（项目编号：2021K004），教育部人文社会科学研究一般项目"习近平新时代政治话语的隐喻俄译认知研究"（项目编号20YJC740054），国家社会科学基金项目"基于平行语料库的政治话语文化经典隐喻俄译研究"（项目编号22BYY198）的阶段性成果。

作者简介：王翠（1976— ），女，陕西师范大学外国语学院，副教授，研究方向：俄汉语言对比。

达方式、句法位置，最后我们将试图从认知角度解释导致二者产生异同的原因，分析其特点。

二　工具范畴的概念与分类

工具表达是人类语言中普遍存在的现象，工具既属于自然范畴，也属于语言范畴。以往对汉语工具范畴进行的专门研究包括对工具范畴的认知研究（徐默凡 2003）、工具范畴的句法体现（陈昌来 1998，2001；谭景春 1995；吴继光 1996；周国光 1997）等。俄语中的工具意义在俄语语法研究中很早就被提及，主要被视为工具格功能之一，大量的研究并不是以工具范畴为专门的研究对象。对俄语中工具范畴的部分专门研究主要是对工具的类别划分及现代俄语中的表达（Белошапкова 1985；Муравенко 1991）、俄语中工具范畴的功能分析（Ишмуратова 1997）等。

自然工具范畴的区别性语义特征是指被人类使用，或辅助人类行为的手段，典型语义范畴为：+特质性，+不变性，+独立性，+无生性，+手控性，+简单性，非典型性工具包括抽象性工具、变化性工具、人体工具、有生工具、非手控性工具、智能性工具，自然工具范畴是孤立范畴。语言工具范畴是对事件关系（因果、递进等复句关系）或事项关系（施事、受事等）的表达，属于关系范畴，体现在具体的语句语义结构之中所处语义角色的归类，表示"谓词动作的凭借物"。与谓词相关的事项关系范畴包括主体范畴（施事、致事、感事、主事等）、客体范畴（受事、与事、结果等）、关涉范畴（凭事——工具/材料/方式、原因、目的、对象、原点、终点等）。施事通过工具施加行为于受事即"施事→工具→行为→受事"是人类认知的基本行为框架。与狭义的工具范畴相似的范畴还有方式范畴和材料范畴。方式成分不具有物质性，多为抽象性，材料成分则含有物资意义，通过加工实现采用关系（徐默凡 2003：57）。广义的工具范畴包括具体的事物和抽象的手段，即包括方式范畴和材料范畴。从历时角度考察，方式范畴和材料范畴来源于工具范畴。

丹麦语言学家叶斯柏森曾提出，"人是分类的动物，在某种意义上可以说，整个讲话过程只不过是把各种现象（没有两种现象在每一方面都是相同的）根据看到的相似点和相异点分成不同的类而已。在命名过程中我们又看到了同样根深蒂固而又非常有用的倾向，识别想象性并且通过名字的相似来表达现象的相似。"（转引自恩斯特·卡西尔 2004：288）中俄学者们对工具的分类各不相同。穆拉文科（Е. В. Муравенко）（1990：7）则依据阿普列相（Ю. Д. Апресян）（1974：128）的观点，提出工具情景中的语义要素有主体、客体、受事、工具、焦点（地点、路线、隔区、起点、终点），工具的基本类别有：

表 1   俄语中的工具类别

	非消耗型	消耗型
非关联型 （工具或材料的独立性强）	纯工具 （резать хлебножом； обжарить хлеб в тостере）	纯材料 例：чистить зубы пастой； мыть овощи в воде
关联型（工具直接关联客体；直接与其他工具/材料相关联；直接关联其他参与者；与未明确表达的客体之间有直接联系）	关联工具 （заколоть волосы шпилькой； зажать заготовку в тиски）	关联材料 例：рисовать красками； развести краску в воде

其中的纯工具包括非空间取向工具（可移动型、不可移动型、间隔型、监管型）和空间取向工具（纯地点工具型、路线工具型、中介工具型、行为起点工具型、行为终点工具型）。关联工具和关联材料指工具或材料不处于独立和自由的状态，是表达结构中与其他语义要素紧密相关的必需成分。该分类中的消耗型/非消耗型工具意指材料的再用性特征。

徐默凡（2003：93）按照思想行为、人体行为和一般行为所涉及的工具可以区分出头脑工具、人体工具和一般工具。目前工具范畴的分类标准涉及自然工具与语言工具，既包括语义要素分析也包括认知结构分析，因此较难确定统一的标准，分类结果比较混乱。为方便研究，本文将工具表达分为有标记工具和无标记工具。

三 俄汉语工具意义表达的句法对比

（一）工具范畴的表达

人类语言中工具意义的表达主要可以分为有标记和无标记两种类型。现代汉语中引介事件凭借的最常用介词为"用"，该词在从古汉语到现代汉语的发展历程中经历了语法化过程。古汉语中可表"凭借"意义的介词有依据类（以、因、用、依、据、依据、按、照、凭、循等），凭借类（以、因、用、凭、据、依、靠、把等），工具类（以、用、因、把、拿、将等），身份类（以、用）（徐默凡 2003：61）。其中"以、用、因"三者语法化程度最高，最终"用"成为专门引介工具意义的介词。汉语中有两种工具表达类型：有标记类型（介词：用，把，被，以，由，用，凭）和无标记类型。"用"既可用作介词，也可用作动词。

（1）他用铅笔写字（Он пишет карандашом）.

（2）这把刀我切肉（Я режу мясо этим ножом）.

（3）切肉，我用这把刀（Я использую этот нож для резки мяса / Я режу мясо этим ножом）.

例（1）中的铅笔（карандаш）和例（2）、例（3）中的刀（нож）都是工具。在例（1）中铅笔（карандаш）前面有工具标记——介词"用"，"用铅笔"在句中用作工具状语。例（2）中没有工具标记。例（3）中也没有工具标记，这里的"切肉"是一个话题，"用"这个词作为动词在句中用作谓语，表工具的成分"这把刀"则用作补语。

俄语中表达工具意义的术语有 орудие，инструмент，орудийное значение，инструментальное значение，这些术语既可表达狭义工具意义（区别于材料意义，如 писать ручкой 用铅笔写/工具意义 和 писатьчернилами 用粉笔写/材料意义）也可表达广义的工具意义（包括狭义的工具意义与材料意义）。俄语中工具意义的表达为有标记型（工具格形态：-ом /-ем，-ой /-ей，-ою /-ею，-ю 等，及前置词短语结构：о，в，на，по，через，из，над / надо，пред / предо，за，под，с / со 等）。例如：махнуть платком（挥手帕）；править веслом（用浆划动）；разбить яйцо о стол（用桌子磕鸡蛋），пахать на тракторе（用拖拉机耕地），читать книги в очках（戴眼镜看书），играть по нотам（照乐谱演奏），демонстрировать слайды через диапроектор（通过投影仪放映幻灯片），стрелять из ружья（用手枪射击），ловить рыбу на удочку（钓鱼），закрыть дверь на замок（锁门），рассматривать окрестности в бинокль（用双筒望远镜观看周围的环境）。

（4）Я рисую карандашом.（我用铅笔画。）

（5）ловить рыбу на удочку（钓鱼）

例（4）中的工具意义用名词的工具格表示，工具标记为形态-ом，例（5）中的工具意义用前置词 на+名词第四格的前置词短语表达。

本文的研究对象是有标记的工具意义表达，这些表达在俄汉语中用作状语，如上述例（1）、例（4），其结构可以表达为汉语的"用+ NP"和俄语的"VP+ NP ／ VP+ Prep+NP"。

（二）俄语工具意义表达的典型句法位置

俄语行为方式状语包括工具意义的表达。根据别拉沙普科娃（В. А. Белошапкова）和穆拉文科（Е. В. Муравенко）（Белошапкова & Муравенко 1985：78-83）的观点，工具的使用方式通过两种途径实现：动词+名词（第五格/工具格），动词+名词+前置词短语。例如：

（6）Он указал рукой на дом.

（7）Я режу мясо ножом.

（8）Мы ловили рыбу на удочку.

例（6）、例（7）中工具格形式的词尾-ой и-ом 和例（8）中的前置词是工具表达的标记。语义层面上看，施事支配工具，而工具作用于客体。能量由主体向客体转移的过程中，工具起了中介的作用。从语法层面上看，主语和宾语都是用名词或名词短语表达，而工具意义则表现为句子的状语。例（6）、例（7）、例（8）的结构可以概括如下：NP sub + V+ NPins + Prep + NPobj；NPsub + V + NPobj + NPins；和 NPsub + V + NPobj++ Prep + NPins。

（三）汉语中工具意义表达的典型句法位置

现代汉语中工具意义的表达主要借助于词组——用 + NP 的形式，其中的介词"用"标记工具。汉语语法研究表明，还有其他表示工具意义，类似于"用"的其他介词，如"将、以、拿"等。

（9）我用钢笔写了一封信（Я писал письмо ручкой）.

（10）她拿（用）凉水浇花（Она полила цветы холодной водой）.

这些表达可以概括如下：NPsub + 用 + NPins ++ V + NPobj. "用+

NPins"前置于动词谓语，在某些情况下，"用+NPins"也可以处于其他位置。例如：

（11）用钢笔，我写了一封信（Используя ручку, я написал письмо）.

（12）我写了一封信，用钢笔（Я написал письмо, используя ручку）.

例（9）、例（11）、例（12）表达相同的工具意义，但工具短语所处的位置各不相同，后两种例句的表达语序在汉语中是非典型的。例（11）中，"用钢笔"置于句首，用作话题，受语用规则的驱使。例（12）中，"用钢笔"则置于句末。根据陆俭明的观点，状语的后置是其与被限定词（动词）的位移（陆俭明 1993：7-8）。汉语中的这类表达通常具有临时附加信息的意味。例（11）、例（12）中，工具状语和其他句子成分之间书面语上有逗号，口语中则为短暂的停顿，这些间隔必不可少。这些都证明例（11）、例（12）具有强烈的语用色彩。

（四）俄汉语中工具表达的对比

由以上分析可以看出，俄汉语中的工具意义表达都能借助于介词。除此之外，俄语中还用工具格的形式表达工具意义。两种语言的显著区别在于工具表达的句法位置不同。俄语中的典型位置是工具意义的表达位于动词谓语之后，而汉语中则是位于动词谓语之前。从语言类型学角度看，俄汉语都属于 SVO 型语言，那么为什么表达相同语义的句子成分在句中的位置并不相同呢？这种差异的本质是不同民族不同的世界观，两个民族认识世界的不同方式导致了不同的语言表达。因此，我们将从认知角度分析俄汉语言中工具表达在句中位置产生差异的原因。

四　俄汉语工具意义表达句法位置差异的认知分析

认知语言学的基础是经验哲学，与其他语言学科不同，认知语言学强调使用人们的日常经验认知分析语言现象。昂热尔和施密德（F. Ungerer 和 H. Schmid）提出认知语言学侧重三种理论方法：基于经验观点、突出背景和形状、关注焦点（Ungerer 2006：2-3）。本文主要讨论表达动机时使用第二和第三种理论，分析语言与模型的结合，进而探索俄汉民族思想表达方面的异同。

基于认知语言学的假设，语言表达是基于人的认知经验，人们真正的沟通中并不表达关于客观现实的所有信息。语言结构中信息的选择和安排取决于信息的重要程度。人们观察环境中的物体时，将其在背景的衬托下突显为最明显。这种突显原则同样适用于语言结构中（Ungerer 2006：163）。

突显原则可以用于描述和解释句法现象。"R. Langacker 的认知语法认为，如果主语-动词-宾语看作认知突显的一般反映，句法多样性的解释可以是统一的。换言之，更准确地说，简单句中的主语是物体，客体是背景，而动词则表达二者之间的关系。"（Ungerer 2006：176-177）分析俄汉语中工具表达的句法位置时，我们可以借助突显原则予以阐释。以下是两种语言中的结构：①NPsub + 用 + NPins + V + NPobj；–в русском：②NPsub + V + NPins +Prep + NPobj；③NPsub + V + NP obj + NPins；④NPsub + V + NP obj+ Prep + NPins. 汉语中使用"用 + Npins"结构①，俄语中使用 NPins 结构②③及 Prep + NPins 结构④表达工具意义的状语成分。

根据突显原则，主语属于句法图形，状语为句法背景，它们的突显程度各不相同：图形在前，背景在后。此外，状语的突显程度弱于宾语。因此，大多数 SVO 型语言中的状语都位于句末。如此，似乎汉语工具意义的表达违背了该突显原则？实际并非如此。上述分析在语法层面进行，而语言研究中不仅要考虑句法因素，还要考虑语义因素。兰盖克（Langacker 2004：283-286）提出了重要的原型角色认知概念，用于解释句子结构。这一概念认为角色并不是简单的语言结构，而是认知工具范围中的一部分，学者们用这些工具解释言内及言外现象的脑力加工（Ungerer 2006：178）。施事、受事及工具的概念不仅是语法术语，也反映了人类认知世界的经验。句子成分可以恢复为原型角色。句子结构则成为这些角色的安排。

（13）她用干爽轻柔的抹布擦家具上的灰尘。

（14）Она вытирает пыль с мебели чистой сухой и мягкой тряпкой.

例（13）、例（14）描述的是相同的情景，其中都有施事（她/
Она），工具（抹布 / тряпкой），受事（灰尘/пыль），而动词（擦/
вытирает）与介词或前置词（用）及形态（-ой）将这些角色联系到一
起。该事件的自然规律应是她/Она → 用 / использовать → 抹布 /
тряпкой → 擦/ вытирает →灰尘/пыль（她用干爽轻柔的抹布擦家具上的
灰尘。/ Она вытирает пыль с мебели чистой сухой и мягкой тряпкой）。
按照实际顺序，如果使用工具抹布 / тряпкой，那么她/Она 首先拿起抹
布 / тряпкой，然后擦/ вытирает。显然，汉语句子"她用干爽轻柔的抹
布擦家具上的灰尘"和结构①NPsub + 用+ NPins + V + NPobj 在时间和事
件发生顺序上符合原型角色的概念。而俄语句子"Она вытирает пыль с
мебели чистой сухой и мягкой тряпкой"属于结构③，与汉语句子的语
序不同。如此，俄汉语中的工具意义的表达符合不同程度的认知突显原
则，俄语中工具意义的表达反映了句法层面句子成分的重要性程度，而汉
语中句子成分的排列符合事件起源和发生的过程。因此工具意义在俄汉语
中的典型表达位置不同。

塔尔米（Talmy 2000：258—259）称这个过程为打开"关注窗口"的
事件范围内的组成部分。根据事件框架理论，说话者仅需表达值得关注的
信息，而不是所有内容。例（12）、例（13）中关注的核心是施事者的意
图（擦灰尘）和行为结果（灰尘被擦掉）。工具的使用将施事与行为结果
连接起来。这是俄汉语中的共同之处。"关注窗口"的打开顺序在两种语
言中却并不相同。例（12）汉语句子里的关注窗口按事件发展顺序打开
（施事-工具-行为），例（13）俄语句子中关注窗口的打开不是按照事件
展开的自然发展过程，而是将工具表达放在句末（施事-行为-工具）。俄
语句子成分的语序对应于事件表达的逻辑重要性，强调行为主体和行为本
身。这种语序相比较而言，更加突出了工具在人类认知过程中的附属知觉
地位。焦点知觉是"我们注意力的焦点"，附属知觉所感知的事物则具有
透明性（迈克尔·波兰尼 2000：67，106）。

俄汉语句中工具意义的表达差异是由不同民族的文化和思维方式所决
定的。"民族的语言即民族的精神，民族的精神也即其语言，精神和民族
的等同超乎想象"（洪堡特 1999：52）。洪堡特的论断表明，特定的语言
形式反映了特定的民族思维方式。通过上述对俄汉语工具意义表达的分
析，显然看得出，俄罗斯文化侧重抽象逻辑思维，而中国文化则更强调具

体和细化。

五 结语

俄汉工具意义表达的典型句法位置的描述和对比研究，借助认知理论，我们可以得出结论，即语言是对现实经验的反映，但这种反映并不完全对应于现实，因为语言还反映人类大脑对现实的经验看法。人类的思维具有反映世界的一般共性，因此语言符合基本的认知规则。但是，不同的民族文化和思维模式同样影响语言的表达。俄语工具意义表达更加遵循抽象的逻辑顺序，而汉语工具意义的表达则多是按照现实的时间顺序，强调事件发生的时间次序性。

参考文献

［1］ Langacker R. W. *Foundations of Cognitive Grammar*（*II*）：*Descriptive Application*，Beijing：Peking University Press，2004.

［2］ Talmy，L. *Toward a Cognitive Semantics*，Cambridge & London：The MIT Press. 2000.

［3］ Ungerer F. ，Schmid H. *An introduction tocognitive linguistics*，Hongkong，2006.

［4］ Апресян Ю. Д. *Лексическая семантика.* М. ，1974.

［5］ Белошапкова в. а. ，Муравенко е. в. Способы выражения инструментального значения в русском языке，Русский язык за рубежом. 1985（6）：78–83.

［6］ Ишмуратова Л. Н. *Функционально—когнитивный аспект категории орудийности в русском языке：автореферат дис.... кандидата филологических наук*：10. 02. 01，Краснодар，1997.

［7］ Муравенко Е. В. *Виды орудийного значения и способы их выражения в современном русском языке：диссертация... кандидата филологических наук*：10. 02. 01，Москва，1991.

［8］ Муравенко Е. В. *Виды орудийного значения и способы их выражения в современном русском языке：автореферат дис.... кандидата филологических наук*：10. 02. 01，Москва，1990.

［9］ 陈昌来：《工具主语和工具宾语异议》，《世界汉语教学》2001 年第 1 期。

［10］ 陈昌来：《汉语语义结构中工具成分的性质》，《世界汉语教学》1998 年第 2 期。

［11］ 恩斯特·卡西尔：《人论》，甘阳译，上海译文出版社 2004 年版。

［12］ 洪堡特：《论人类语言结构的差异及其对人类精神发展的影响》，姚小平译，商务印书馆 1999 年版。

［13］陆俭明：《现代汉语句法论》，商务印书馆 1993 年版。

［14］迈克尔·波兰尼：《个人知识》，徐陶译，上海人民出版社 2017 年版。

［15］徐默凡：《现代汉语工具范畴的认知研究》，博士学位论文，华东师范大学，2003 年。

A comparative study of instrumental categories in Russian and Chinese languages

Wang Cui

Abstract：This article analyzes the concept, classification and semantic characteristics of tool categories in Russian and Chinese. Particular attention is payed to the expression forms, typical syntactic expressions, and expression patterns of tool categories in these two languages. From the perspective of cognition, the author analyzes the word order of the instrumental meaning in Russian and Chinese, and compares the characteristics of the Russian and Chinese people's understanding of the world, based on the prominent theory, focusing perception and accessory perception. Through the expression of instrumental meaning, it can be seen that the instrumental expression in Russian focuses on following the abstract logical order, while the instrumental expression in Chinese conforms to the actual time sequence, emphasizing the consistency of the word order with reality.

Keywords：tool category；contrast；syntactic position；cognitive analysis

文化与教学

日本丝绸之路研究史概述

刘　星

摘　要：随着我国"一带一路"倡议的提出，丝绸之路的研究再次成为焦点回到人们视野，而日本作为丝绸之路研究的重镇，百年来经历了起步（20—40 年代）、腾飞（40—60 年代）、黄金（70 年代—20 世纪末）、转型（21 世纪初至今）四个阶段，取得了丰硕的成果，对日本研究的梳理、审视，可以使我们在宏观上掌握日本的丝绸之路研究，并且能够从中获得启示和借鉴，助力构建中国特色丝绸之路研究体系，推动"一带一路"倡议的实现。

关键词：日本；丝绸之路；研究史；启示和借鉴

一　引言

丝绸之路的概念由德国地理学家李希霍芬首次提出，虽然其最初的想法在时间和空间上都有局限，与今日之丝绸之路概念相差甚远，但这个名字至今被沿用，而且这条贯穿东西南北的网络线路成了日后研究的热点，季羡林先生曾说："横亘欧亚大陆的丝绸之路，稍有历史知识的人没有不知道的。它实际上是在极其漫长的历史时期东西文化交流的大动脉，对沿途各国、对我们中国，在政治、经济、文化、艺术、宗教、哲学等等方面影响既广且深。"

丝绸之路作为亚欧史上一个特定的历史范畴广受各国关注，其研究成果可谓汗牛充栋。在几个重要的丝绸之路研究国家中，日本无疑是研究成果较为丰硕的一个，不仅出版了众多影响深远的著作，涉及领域广泛，更

作者简介：刘星（1990—　），女，陕西师范大学历史文化学院，博士，研究方向：东亚关系史。

为重要的是他们立足东方，按照东方的历史观对东方社会进行了深入的观察，形成了自成一体的丝路研究体系。"针对丝绸之路，日本学者并非单纯学究式地研究，而是深深触及了丝绸之路的本质、作用及其影响等方面，把握准确，抓住要害，以理性与自觉看待东西方交流问题。"①

日本的丝绸之路研究至今已有百年的历史，在这百年之中，由于政治、文化、经济、科学技术等因素的变化，研究的态势、重心、特征也在不断变化。因此对日本百年丝绸之路研究史进行阶段划分，概括每一阶段的学术成就以及研究特点，对于我们宏观把握日本的丝绸之路研究十分必要。根据学术传承关系以及研究重心的特征，笔者认为日本的丝绸之路研究可以划分以下四阶段：起步阶段（20—40 年代）、腾飞阶段（40—60年代）、黄金阶段（70 年代—20 世纪末）、转型阶段（21 世纪初至今），下面将就每一阶段的研究状况进行逐一介绍。

二 起步阶段（20—40 年代）

日本的丝绸之路研究始于东洋史时代。19 世纪末，日本国内开始以东京大学和京都大学为中心，以白鸟库吉和内藤湖南为先驱，开启东洋史研究时代。日本丝绸之路史的研究首先开始于西域史和塞外边疆史的研究②。这一时期代表人物及成果主要有：

内藤湖南（1866—1934），京都大学东洋史教授，内藤的留世之作中有关丝绸之路史的相关研究几乎没有，那么他的贡献主要体现在哪里呢？羽田亨曾经在内藤湖南追忆录里有文《史料蒐集家としての内藤博士》（《作为史料收集家的内藤博士》）："内藤先生对史料收集有着非同寻常的热情。但凡从一地旅行归来必带回新的史料。"

关于内藤湖南的敦煌文献及西域史料的收集主要有两次大的契机，一次是 1910 年，受罗振玉之邀来中国参观敦煌文书，回国后又恰逢大谷探险队归来，他便对所见文物进行了目录整理和照片拍摄；第二次是 1924年，他亲自到欧洲参观，除大英博物馆馆藏的敦煌史料外还包括部分法国史料，主要有佛典、世俗文书等。

---

① 陈奉林：《日本的海上丝绸之路研究：成就、趋势及其启示》，《上海师范大学学报》（哲学社会科学版）2020 年第 6 期。

② 冯佐哲：《长泽和俊谈日本学术界关于丝绸之路的研究》，《社会科学战线》1979 年第1 期。

内藤湖南收集史料后对其进行了有效的整理，虽然他本人并未作出突出的研究成果，但是这些史料为其他学者的研究提供了便利，推动了研究的进一步发展①。从这个角度看，内藤湖南无疑是这一时期日本丝绸之路研究得以发展的重要奠基人之一。

白鸟库吉（1865—1942），东京大学史学科教授，东洋史研究专家，日本东洋史学界有"东白鸟，西内藤"的说法，足见其地位。白鸟的研究方向主要有日本古代史、中国古代史、中国塞外民族史、西域史，这里我们重点介绍其与丝绸之路研究相关的西域史研究成果。

白鸟库吉平生成果多数收藏于《白鸟库吉全集》，共 10 卷，其中第 6、第 7 卷为《西域史研究上》②和《西域史研究下》③，西域研究的论文《粟特国考》④、《月氏の原住地に就いて》（《论月氏的原住地》）⑤、《大宛国考》⑥等也都收录其中。此外还有著作《康居粟特考》⑦等。对此，冈崎精郎曾有评论："西域史是明治后出现的新学科，先生作为其创始者，成就也是无出其右的。"⑧白鸟库吉先生的研究是东西方研究方法结合的产物，代表了这一时期日本西域研究的新特点。

羽田亨（1882—1955），曾师从白鸟库吉和内藤湖南，精通朝鲜语、蒙古语、回鹘语等多种语言文字，与内藤湖南、桑原骘藏共同铸造了京都大学东洋史学科的黄金期，并在前两位去世后，巩固了京大作为日本东洋史研究据点的地位。其突出贡献领域为西域史和敦煌学（回鹘文文献），1920—1921 年曾亲自赴英国、法国调查敦煌出土文献。他的学术成果主要有《回鹘文の天地八陽神呪経（1、2）（正誤表・補正)》（《回鹘文的天地八阳神咒经 1、2》（正误表、补正)）⑨、《〈雑纂〉龟兹・于闐の研

---

①　高田时雄：《内藤湖南の敦煌学》，《東アジア文化交渉研究別冊（3）》，2008 年。

②　白鸟库吉：《西域史研究 上》，岩波書店 1970 年版。

③　白鸟库吉：《西域史研究 下》，岩波書店 1971 年版。

④　白鸟库吉：《粟特国考》，《東洋学報》1924 年第 4 期。

⑤　白鸟库吉：《月氏の原住地に就いて》，《東洋学報》1923 年第 3 期。

⑥　白鸟库吉：《大宛国考》，《東洋学報》1916 年第 1 期。

⑦　［日］白鸟库吉：《康居粟特考》，傅勤家译，商务印书馆 1936 年版。

⑧　冈崎精郎：《〈批評–紹介〉西域史研究（上-下卷)》，白鳥庫吉《東洋史研究 9》1945 年第 3 期。

⑨　羽田亨：《回鹘文の天地八陽神呪経（1、2）（正誤表・補正)》，《東洋学報 5》1915 年第 3 期。

究》（《〈杂纂〉龟兹、于阗的研究》）①、《新出波斯教残経に就て》（《论新出波斯教残经》）②、《大谷伯爵所藏新疆史料解説（1）》（《大谷伯爵所藏新疆史料解説》）③、《太秦景教大聖通真帰法讃及び大秦景教宣元至本経残巻について》（《论太秦景教大圣通真归法赞及大秦景教宣元至本经残卷》）④，著作《西域文明史概論》（《西域文明史概论》）⑤、《西域文化史》⑥ 等，这两本书至今仍是这一领域的学术经典和入门必读之作。在其去世后史学研究会撰写的讣告中这样评价："日本树立西域学研究，并且实现后来者居上超越西方的研究水准，正是博士的功绩。"可见，羽田亨是在前人基础上实现了西域史研究的一个飞跃。

此外，这一时期还有很多优秀的史学家致力于西域史的研究，如桑原骘藏⑦，其主要成果有：《隋唐时代西域人华化考》⑧、《東西交通史論叢》（《东西交通史论丛》）⑨，这部著作里收集了其西域研究的代表性论文，包括《張骞の遠征》（《张骞的远征》）、《大宛国の貴山城について》（《论大宛国的贵山城》）、《波斯灣の東洋貿易港に就て》（《论波斯湾的东洋贸易港》）等。藤田丰八（ふじたとしや）⑩ 的《大宛の貴山城と月氏の王庭》（《大宛国的贵山城与月氏的王庭》）⑪、《月氏の故地とその西移の年代》（《月氏的故地及其西移年代》）⑫、《胡床につきて》（《论胡床》）⑬、《「胡床につきて」補遺》（《〈论胡床〉补遗》）⑭，著

---

① 羽田亨：《〈雜纂〉亀茲・于闐の研究》，《史林 2》1917 年第 3 期。
② 羽田亨：《新出波斯教残経に就て》，《東洋学報 2》1912 年第 2 期。
③ 羽田亨：《大谷伯爵所藏新疆史料解説（1）》，《東洋学報 1》1911 年第 2 期。
④ 羽田亨：《太秦景教大聖通真帰法讃及び大秦景教宣元至本経残巻について》，《東方学》1951 年第 1 期。
⑤ 羽田亨：《西域文明史概論》，弘文堂書房 1931 年版。
⑥ 羽田亨：《西域文化史》，座右宝刊行会，1948 年。
⑦ 桑原骘藏：1871—1931，京都大学教授，东洋史学者。
⑧ ［日］桑原骘藏：《隋唐時代西域人华化考》，何健民译，中華書局 1939 年版。
⑨ 桑原骘藏：《東西交通史論叢》，弘文堂書房 1933 年版。
⑩ 藤田丰八：1869—1929，早稻田大学、东京大学教授，东洋史学者。
⑪ 藤田丰八：《大宛の貴山城と月氏の王庭》，《東洋学報 6》1916 年第 2 期。
⑫ 藤田丰八：《月氏の故地とその西移の年代》，《東洋学報 6》1916 年第 3 期。
⑬ 藤田丰八：《胡床につきて》，《東洋学報 12》1911 年第 4 期。
⑭ 藤田丰八：《「胡床につきて」補遺》，《東洋学報 14》1924 年第 1 期。

作《西域研究》①，石田干之助（いしだみきのすけ）②的《长安の春》③等。

也是在这一时期，瑞典的斯文赫定、法国的伯希和、英国的斯坦因等探险队纷纷来到中国新疆，对西域的遗址进行调查，从中国敦煌偷走了大批的文书资料，日本也有大谷探险队三次涉足中国新疆、中亚地区考察，亦盗取很多珍贵的壁画、文物、文献资料，大谷探险队带回的资料也成了这一时期激发日本学者研究西域史的动力之一。

尽管清末民初国家动荡不安，王国维、罗振玉、陈寅恪等学者仍极力投入西域出土资料、文献研究，其研究成绩对日后西域史研究产生了重大影响，因此在20、30年代西域史研究迎来了高潮阶段，其中与日本学者的积极交往以及翻译日本学者和西方学者的著作占了很大比重，白鸟库吉的《康居粟特考》、羽田亨的《西域文明史概略》、藤田丰八的《西域研究》都是这一时期的译著④，可以说日本学界对中国丝绸之路史研究的影响起源于此。

纵观这一时期的研究，前期学者们主要以文献资料为研究基点，对地名、名族及其迁徙过程、经本的来源经历等进行考察，后期涉及东西方交涉史的研究，主要以交通史为主。这一时期的研究主要呈现为宏观概括和微观考证相结合的特点。我们可以说这一时期的西域史研究，是日本学界丝绸之路研究史的起步阶段。

三　腾飞阶段（40—60 年代）

进入40年代以后，第二代的学者亦开始逐渐成长起来。受战争影响，"二战"后的日本学界经历了重组，同时对中国的研究也开始转向客观。这一时期，木原均（遗传学家）、岩村忍（东洋史学家）、吉田光邦（科技史学家）、梅棹忠夫（生态学家）等学者造访丝路西部地区，并出版了很多记录他们旅程的书，加之1964年东京奥运会的圣火从希腊沿古丝路传至日本东京，使得丝绸之路的名字开始被日本人所熟知，关于丝绸之路的研究也开始步入正轨。

---

① ［日］藤田丰八：《西域研究》，杨炼译，商务印书馆1935年版。
② 石田干之助：1891—1974，国学院大学教授，东洋史学者。
③ 石田干之助：《长安の春》，创元社1941年版。
④ 荣新江：《西域史研究的回顾与展望》，《历史研究》1998年第2期。

　　首先，我们要介绍的是日本丝绸之路学开拓者的岩村忍。岩村忍（1905—1988），京都大学教授，东洋史学者，主要研究方向为游牧民族史（重点是蒙古史）以及东西交涉史（丝绸之路），作为战后第一批研究丝绸之路的学者，其成果主要有：《絹の路と金の路》（《绢之路与金之路》）①、《ペルシアの契丹王朝》（《波斯的契丹王朝》）②、《十三世紀東西交渉史序説》（《十三世纪东西交涉史序说》）③、《シルクロード：東西文化の溶炉》（《丝绸之路：东西文化的熔炉》）④、《西域とイスラム》（《西域与伊斯兰》）⑤、《中央アジアの遊牧民族》（《中亚的游牧民族》）⑥，并于 1953 年翻译了瑞典探险家斯文赫定的著作《中央アジヤ探検記》（《中亚探险记》）⑦。

　　榎一雄（1913—1989 年），东京大学名誉教授，东洋史学者。师从白鸟库吉先生，其研究方向主要是中亚史，但在东西交涉史、中国古代史、日本古代史等方向都有成果，可谓是全能型学者，其丝路研究相关的成果有：《大月氏の大尾羊について》（《论大月氏的大尾羊》）⑧、《魏書粟特国伝と匈奴・フン同族問題》（《魏书粟特国传与匈奴、フン同族问题》）⑨、《シルクロードの実態-上-利益の配分をめぐって》（《丝绸之路的实态-上-利益的分配》）⑩、《シルクロードの実態-下-キャラヴァン貿易について》（《丝绸之路的实态-下-关于商队贸易》）⑪、《大谷探検隊の意義（シルクロードのすべて〈特集〉）》（《大谷探险队的意义》）⑫、《東西文明の交流》（《东西文明的交流》）⑬、《シルクロード

---

① 岩村忍：《絹の路と金の路》，《心 11》1958 年第 9 期。

② 岩村忍：《ペルシアの契丹王朝》，《心 21》1968 年第 9 期。

③ 岩村忍：《十三世紀東西交渉史序説》，三省堂，1939 年。

④ 岩村忍：《シルクロード：東西文化の溶炉》，日本放送出版協会，1966 年。

⑤ 岩村忍：《西域とイスラム》，中央公論社 1967 年版。

⑥ 岩村忍：《中央アジアの遊牧民族》，講談社 1977 年版。

⑦ 岩村忍：《中央アジヤ探検記》，創元社 1953 年版。

⑧ 榎一雄：《大月氏の大尾羊について》，《民族學研究 14》1949 年第 1 期。

⑨ 榎一雄：《魏書粟特国伝と匈奴・フン同族問題》，《東洋学報 37》1955 年第 4 期。

⑩ 榎一雄：《シルクロードの実態-上-利益の配分をめぐって》，《思想》1974 年第 603 期。

⑪ 榎一雄：《シルクロードの実態-下-キャラヴァン貿易について》，《思想》1974 年第 606 期。

⑫ 榎一雄：《大谷探検隊の意義（シルクロードのすべて〈特集〉）》，《知識》1981 年第 21 期。

⑬ 榎一雄：《東西文明の交流》，講談社 1977 年版。

の歴史から》（《从丝绸之路的历史谈起》）①、《敦煌の歴史》（《敦煌的历史》）② 等。

江上波夫（1906—2002），东京大学名誉教授，日本考古学者，因"骑马民族征服说"而著名，认为大和王朝是由东北亚的游牧民族通过百济，渡来日本完成统一的。此外，江上波夫在欧亚考古（曾 5 次深入伊朗、伊拉克进行考古发掘）、美术史、东西交涉史上也有突出成就，主要研究成果有：《匈奴の祭祀》（《匈奴的祭祀》）③、《メソポタミア——古代美術》（《美索不达米亚——古代美术》）④、《古代西アジアの歴史・民族・美術》（《古代西亚的历史、民族、美术》）⑤、《メソポタミアの発掘》（《美索不达米亚的发掘》）⑥、《イラン先史土器文化の変遷》（《伊朗史前土器文化的变迁》）⑦、《オリエントへの問い（秘境の壁画（特集））》（《向远古发出的疑问（秘境的壁画（特集）））》⑧《文明と美——東西文明交流の足跡を探る》（《文明与美——探访东西文明交流的足迹》）⑨、《北アジア史》（《北亚史》）⑩、《東西文化の交流》（《东西文化的交流》）⑪、《騎馬民族国家》（《骑马民族国家》）⑫。

松田寿男（1903—1982），早稻田大学教授，主要研究方向是中亚史、北亚、东西交涉史（丝绸之路史），成果有：《東亞遊牧民と國際貿易》（《东亚游牧民与国际贸易》）⑬、《突厥勃興史論》（《突厥勃兴史论》）⑭、《天山北路の歴史的あり方》（《天山北路的历史存在形式》）⑮、《絹馬交易と「禺氏の玉」——最古のシルク・ロードについ

① 榎一雄：《シルクロードの歴史から》，研文出版 1979 年版。
② 榎一雄：《敦煌の歴史》，大東出版社 1980 年版。
③ 江上波夫：《匈奴の祭祀》，《人類學雜誌 56》1941 年第 4 期。
④ 江上波夫：《メソポタミア—古代美術》，《みづゑ》1955 年第 595 期。
⑤ 江上波夫：《古代西アジアの歴史・民族・美術》，《三彩》1958 年第 101 期。
⑥ 江上波夫：《メソポタミアの発掘》，《世界》1958 年第 145 期。
⑦ 江上波夫：《イラン先史土器文化の変遷》，《東洋文化》1959 年第 26 期。
⑧ 江上波夫：《オリエントへの問い（秘境の壁画（特集））》，《芸術新潮 22》1971 年第 10 期。
⑨ 江上波夫：《文明と美——東西文明交流の足跡を探る》，《三彩》1984 年第 437 期。
⑩ 江上波夫：《北アジア史》，山川出版社 1956 年版。
⑪ 江上波夫：《東西文化の交流》，角川書店 1960 年版。
⑫ 江上波夫：《騎馬民族国家》，中公新書 1967 年版。
⑬ 松田寿男：《東亞遊牧民と國際貿易》，《鴨台史報 3》1935 年。
⑭ 松田寿男：《突厥勃興史論》，《歴史教育 2》1984 年第 5 期。
⑮ 松田寿男：《天山北路の歴史的あり方》，《リエント 6》1963 年第 2 期。

て》(《绢马贸易与"愚氏之玉"——关于最古老的丝绸之路》)①、《古代中国とその周辺諸民族》(《古代中国与其周边诸民族》)②、《遊牧生活とオアシス農耕》(《游牧生活与绿洲农耕》)③、《烏戈山離へのみち(東西交渉史特集)》(《通往乌戈山离的道路》)④、《中央アジア史》(《中亚史》)⑤、《古代天山の歴史地理学的研究》(《古代天山历史地理学研究》)⑥、《東西文化の交流》(《东西文化的交流》)⑦、《シルクロード紀行》(《丝绸之路纪行》)⑧。松田博士的主要贡献是他发掘了以下史实:在和平时期,匈奴、鲜卑、突厥、回鹘等建立在蒙古高原与天山山脉草原地带的游牧国家与中国王朝的贸易是围绕中原的绢与草原的马展开的,并将此命名为"绢马贸易",此外他认为绢既作为商品又作为货币流通,论证了远距离交易的"草原之路"的重要性,继而提出丝绸之路还应包括"海洋之路",这些学说均已得到学界的认可⑨。

前岛信次(1903—1983),庆应大学名誉教授,东洋史学家,研究方向为伊斯兰史和东西交涉史(丝绸之路史),其主要研究成果有:《バグダードの文化とその滅亡-上、下》(《巴格达文化及其灭亡-上、下》)⑩、《テリアカ考(一)(二)(三):文化交流史上から見た一薬品の伝播について》(《底野迦考一、二、三:文化交流史角度的药品的传播》)⑪、《アッバース朝の盛時》(《阿拔斯王朝的兴盛》)⑫、《医人の見たメッカ巡礼》(《医生所见麦加巡礼》)⑬、《私のシルクロード》(《我

---

① 松田寿男:《絹馬交易と 禺氏の玉——最古のシルク・ロードについて》,《東洋史研究26》1967 年第 1 期。

② 松田寿男:《古代中国とその周辺諸民族》,《歴史教育15》1967 年第 5·6 期。

③ 松田寿男:《遊牧生活とオアシス農耕》,《歴史教育15》1967 年第 9·10 期。

④ 松田寿男:《烏戈山離へのみち(東西交渉史特集)》,《史学44》1971 年第 1 期。

⑤ 松田寿男:《中央アジア史》,弘文堂·アテネ文庫,1955 年。

⑥ 松田寿男:《古代天山の歴史地理学的研究》,早稲田大学出版部,1956 年。

⑦ 松田寿男:《東西文化の交流》,至文堂 1962 年版。

⑧ 松田寿男:《シルクロード紀行》,毎日新聞社 1971 年版。

⑨ 森安孝夫:《唐帝国とシルクロード》,講談社 2016 年版。

⑩ 前島信次:《バグダードの文化とその滅亡-上、下》,《史學28》1955 年第 1 期。

⑪ 前島信次:《テリアカ考(一)(二)(三):文化交流史上から見た一薬品の伝播について》,《史学36》1963 年第 4、421、451 期;《史学37》1963 年第 3 期;《史学38》1966 年第 4 期。

⑫ 前島信次:《アッバース朝の盛時》,《スラム世界》1968 年第 6 期。

⑬ 前島信次:《医人の見たメッカ巡礼》,《イスラム世界》1975 年第 10 期。

的丝绸之路》）①、《アラビア史》（《阿拉伯史》）②、《東西文化交流の諸相》（《东西文化交流的诸样态》）③、《シルクロードのすべて：草原と英雄と遺跡文化》（《丝绸之路的全部：草原、英雄、遗迹文化》）④、《シルクロード事典》（《丝绸之路事典》）⑤、《シルクロード99の謎：流沙に埋もれた人類の遺産》（《丝绸之路的99个谜：埋没在流沙中的人类遗产》）⑥、《シルクロードの秘密国：ブハラ》（《丝绸之路上的秘密王国：布哈拉》）⑦。除传统领域的研究外，前岛先生也开创了医学史研究。

　　护雅夫（1921—1996），东京大学、日本大学教授，东洋史学者，师从榎一雄先生，可以说是日本中亚史、土耳其史、突厥民族史研究的第一人⑧，护雅夫先生在解读回鹘买卖文书式样方面有很大的成就。其成果主要有：《高車伝にみえた諸氏族名について——高車諸史族の分布》（《论高车传所见诸氏族名-高车诸氏族的分布》）⑨、《ロシヤとモンゴル——草原史への一つの途》（《俄国与蒙古——通往草原史的一条路径》）⑩、《ウイグル文葡萄園売渡文書》（《回鹘文葡萄园出让文书》）⑪、《遊牧国家とソグド人》（《游牧国家与粟特人》）⑫、《突厥帝国内部におけるソグド人の役割に関する一資料——ブグト碑文》（《与突厥帝国内部的粟特人作用相关的一个史料——布古特碑文》）⑬、《古代トルコ民族史研究》（《古代突厥民族史研究》）⑭、《遊牧騎馬民族国家："蒼き狼"の子

---

①　前島信次：《私のシルクロード》，《知識》1981 年第 21 期。

②　前島信次：《アラビア史》，修道社 1958 年版。

③　前島信次：《東西文化交流の諸相》，東西文化交流の諸相刊行会，1971 年。

④　前島信次：《シルクロードのすべて：草原と英雄と遺跡文化》，《産報ジャーナル》1977 年。

⑤　前島信次：《シルクロード事典》，芙蓉書房 1975 年版。

⑥　前島信次：《シルクロード99の謎：流沙に埋もれた人類の遺産》，《産報ジャーナル》1977 年。

⑦　前島信次：《シルクロードの秘密国：ブハラ》，芙蓉書房 1982 年版。

⑧　梅村坦：《護雅夫先生を偲んで》，《東洋学報79》1997 年第 1 期。

⑨　护雅夫：《高車伝にみえた諸氏族名について——高車諸史族の分布》，《オリエンタリカ》1948 年第 1 期。

⑩　护雅夫：《ロシヤとモンゴル——草原史への一つの途》，《思想》1950 年第 318 期。

⑪　护雅夫：《ウイグル文葡萄園売渡文書》，《東洋学報42》1960 年第 4 期。

⑫　护雅夫：《遊牧国家とソグド人》，《東洋文庫書報》1976 年第 7 期。

⑬　护雅夫：《突厥帝国内部におけるソグド人の役割に関する一資料——ブグト碑文》，：《史学雑誌81》1972 年第 2 期。

⑭　护雅夫：《古代トルコ民族史研究》，山川出版社 1967 年版。

孫たち》（《游牧骑马民族国家：苍狼的子孙们》）①、《東西文明の交流
漢とローマ》（《东西文明的交流汉与罗马》）②、《草原とオアシスの人
々》（《草原与绿洲的人们》）③ 等。

山田信夫（1920—1987），大阪大学教授，东洋史学者，在解读及研
究回鹘文书方面有突出成就，他总结了评判回鹘文书年代的标准。代表作
有：《遊牧国家論批判》（《游牧国家论批判》）④、《唐とペルシァ時代の
ロマン》（《唐与波斯时代的罗马》）⑤、《9 世紀ウイグル亡命移住者集団
の崩壊》（《九世纪回鹘亡命移居集团的崩坏》）⑥、《「ウイグルの始祖説
話」について》（《论〈回鹘的始祖传说〉》）⑦、《ウイグル文天地八陽
神呪経断片》（《回鹘文天地八阳神咒经断片》）⑧、《ウイグル文貸借契
約書の書式》（《回鹘文借贷文书的格式》）⑨、《回鹘文斌通（善斌）売
身契三種》（《回鹘文斌通三种卖身契》）⑩，著作有《草原とオアシス》
（《草原与绿洲》）⑪。

此外，还有藤田丰八的《東西交渉の研究卷上，下》（《东西交涉研
究上下卷》）⑫，林良一的《シルクロードと正倉院》（《丝绸之路与正仓
院》）⑬，首次提出丝绸之路的终点是日本的正仓院，在日本国内引起热
议。羽田明（はねだあきら）《明末清初の東トルキスタン：その回教史
的考察》（《明末清初的东土耳其斯坦：回教史考察》）⑭，该文可以说是
具有划时代意义，其首次提出中亚史研究中伊斯兰的重要性，羽田明也是

①　护雅夫：《遊牧騎馬民族国家："蒼き狼"の子孫たち》，講談社 1967 年版。
②　护雅夫：《東西文明の交流漢とローマ》，平凡社 1970 年版。
③　护雅夫：《草原とオアシスの人々》，三省堂 1984 年版。
④　山田信夫：《遊牧国家論批判》，《歴史学研究/歴史学研究会編（通号 212）》1957 年。
⑤　山田信夫：《唐とペルシァ時代のロマン》，《知識》1981 年。
⑥　山田信夫：《9 世紀ウイグル亡命移住者集団の崩壊》，《大阪大学文学部紀要/大阪大学
文学部編（通号 16）》1972 年。
⑦　山田信夫：《「ウイグルの始祖説話」について》，《ユーラシア学会研究報告（通号
2）》1955 年。
⑧　山田信夫：《ウイグル文天地八陽神呪経断片》，《東洋学報 40》1958 年第 4 期。
⑨　山田信夫：《ウイグル文貸借契約書の書式》，《大阪大学文学部紀要》1965 年。
⑩　山田信夫：《回鹘文斌通（善斌）売身契三種》，《東洋史研究》1968 年。
⑪　山田信夫：《草原とオアシス》，講談社 1985 年版。
⑫　藤田丰八：《東西交渉の研究卷上下》，萩原星文館 1943 年版。
⑬　林良一：《シルクロードと正倉院》，平凡社 1969 年版。
⑭　羽田明：《明末清初の東トルキスタン：その回教史的考察》，《東洋史研究 7》1942 年
第 5 期。

日本最早开始关注并研究中亚出土史料的学者①，他的著作《中央アジア史研究》（《中亚史研究》）阐述了 16 世纪以后新疆的历史变迁②。冈崎敬（おかざきたかし）《糸綢之路（シルクロード）のかなた——中国とササン・ペルシアと東ローマ帝国》（《丝绸之路的彼岸——中国、萨珊波斯与东罗马帝国》）③、《東西交流の考古学》（《东西交流的考古学》）④、《陶磁から見た東西交渉史》（《陶器所见东西交流史》）⑤、《シルクロードと仏教文化》（《丝绸之路与佛教文化》）⑥，伊藤义教（いとうぎきょう）的《ペルシア文化渡来》（《波斯文化渡来》）⑦，三杉隆敏（みすぎたかとし）在 60 年代首次提出了海上丝绸之路的概念，著作主要有：《海のシルクロードを求めて》（《探求海上丝绸之路》）⑧、《中国磁器の旅海のシルク・ロードを行く》（《中国瓷器的旅行通过海上丝绸之路》）⑨，山边知行（やまのべともゆき）的《シルクロードの染織スタイン・コレクションニューデリー国立博物館蔵》（《丝绸之路上的染织斯坦因藏品新德里国立博物馆藏》）⑩，佐口透（さぐちとおる）《コーカンド汗国の勃興と東方貿易》（《浩罕汗国的兴起与东方贸易》）⑪、《コーカンド汗国の東方発展》（《浩罕汗国的东方发展》）⑫、《19 世紀前半期におけるカシュガリアの農業開発》（《19 世纪前半期喀什葛尔的农业开发》）⑬、《ロシアのトルキスタン研究》（《俄国的土耳其斯坦研究》）⑭，著作《18—19 世紀東トルキスタン社会史研究》

---

①　间野英二：《羽田明先生を偲ぶ》，《史林》1990 年。

②　长泽和俊、钟美珠：《近年日本研究西域史的新成果》，《民族译丛》1984 年第 2 期。

③　冈崎敬：《糸綢之路（シルクロード）のかなた———中国とササン・ペルシアと東ローマ帝国》，《月刊文化財》1979 年第 192 期。

④　冈崎敬：《東西交流の考古学》，平凡社 1973 年版。

⑤　冈崎敬：《陶磁から見た東西交渉史》，河出書房新社 1961 年版。

⑥　冈崎敬：《シルクロードと仏教文化》，東洋哲学研究所 1979 年版。

⑦　伊藤义教：《ペルシア文化渡来》，岩波書店 1980 年版。

⑧　三杉隆敏：《海のシルクロードを求めて》，創元社 1968 年版。

⑨　三杉隆敏：《中国磁器の旅海のシルク・ロードを行く》，学芸書林 1973 年版。

⑩　山边知行：《シルクロードの染織スタイン・コレクションニューデリー国立博物館蔵》，紫紅社 1979 年版。

⑪　佐口透：《コーカンド汗国の勃興と東方貿易》，《ユーラシア学会研究報告（通号 2）》1955 年。

⑫　佐口透：《コーカンド汗国の東方発展》，《東洋学報》1953 年。

⑬　佐口透：《19 世紀前半期におけるカシュガリアの農業開発》，《史学雑誌》1954 年。

⑭　佐口透：《ロシアのトルキスタン研究》，《歴史教育》1967 年。

（《18—19 世纪东土耳其斯坦的社会史研究》）①、《ロシアとアジア草原》（《俄国与亚洲草原》）②，三上次男（みかみつぎお）的《陶磁の道　東西文明の接点をたずねて》（《陶瓷之路探访东西文明的交点》）③。

此外，这一时期，日本学界也开始了频繁的丝绸之路野外考察工作，主要有两个考察团：东京大学伊拉克·伊朗遗迹调查队，由江上波夫带领，分别于 1956 年、1959 年、1960 年、1964 年、1965 年五次对伊朗、伊拉克地区的遗迹进行发掘、调查。调查成果共集编成 15 册报告书（附文后），已全部公开刊行。京都大学伊郎·阿富汗·巴基斯坦学术调查队，由水野清一教授代领，于 1959 年对伊朗、阿富汗、巴基斯坦地区进行了调查，其成果《文明の十字路：イラン，アフガニスタン，パキスタン調査の記録》（《文明的十字路：伊朗、阿富汗、巴基斯坦调查记录》）于 1962 年出版，随后在 1970 年又继续组织京都大学中亚调查团对中亚地区遗迹进行发掘调查。以上的实地学术考察活动以及大量成果的发表也在客观上推动了 60 年代日本"丝绸之路热"的出现和发展，文学、艺术等领域的学者亦加入丝绸之路研究队伍，可以说，这一时期日本的丝绸之路研究进入了"腾飞阶段"。

综上所述，日本丝绸之路的研究在 40、50 年代开始发生了巨大变化，年轻学者开始引用西方史学理论，将西方文献和中文文献结合起来做研究，虽然这样严谨的考据方法造就了一批优秀成果的产生，但同时也有其局限性，因为对丝绸之路的所在地来讲这些毕竟不是第一手资料，于是羽田明等学者强烈呼吁要关注中亚出土史料并致力于这方面的研究。战后的日本丝绸之路研究呈现这样一个趋势，就是对当地出土原始文字材料的解读与研究，使得研究更具有客观性和说服性。同时战后实现了一个飞跃，学者们开始从多元视角来研究丝绸之路，使得研究出现东西交流史、民族史、文化史等方向齐头并进、全面发展的趋势。

四　黄金阶段（70 年代—20 世纪末）

长泽和俊（1928—2019），早稻田大学名誉教授，师从松田寿男，日

---

① 佐口透：《18—19 世紀東トルキスタン社会史研究》，吉川弘文館 1963 年版。
② 佐口透：《ロシアとアジア草原》，吉川弘文館 1966 年版。
③ 三上次男：《陶磁の道 東西文明の接点をたずねて》，岩波書店 1969 年版。

本东洋史学者，专攻丝绸之路史，可谓当代日本丝绸之路史研究的集大成者，主要成就是通过对佉卢文书的解读尝试还原楼兰王国的实际情况。其一生作品数量颇丰，具有代表性的著作有：《正倉院とシルクロード》（《正仓院与丝绸之路》）①、《シルクロードの東と西》（《丝绸之路的东与西》）②、《シルクロード文化交流史》（《丝绸之路文化交流史》）③、《楼蘭王国》（《楼兰王国》）④、《シルク・ロード史研究》（《丝绸之路史研究》）⑤、《シルクロード文化史》（《丝绸之路文化史》）⑥、《シルクロード歴史と文化》（《丝绸之路历史与文化》）⑦ 等，先生一生所著论文数十篇，这里不一一列举。

间野英二（1939—　　），京都大学名誉教授，这位学者持有与前面所列学者——松田寿男、护雅夫、长泽和俊等均不同的观点，他认为：中亚绿洲城市的经济主要依靠的是农业而非商业，因此对中亚来说不是丝绸之路的世界而是草原和绿洲的世界，当然，游牧民族失去其荣耀之后（19世纪以后），"草原和绿洲的世界"这样的形容显然也不合适了⑧。也就是说，撰写中亚史必须摆脱东西交涉史，要将中亚史作为一个"完结的小世界"加以描述。其代表作主要有：著作《14—16世纪中央アジア史研究》（《14—16世纪中亚史研究》）⑨、《中央アジアの歴史：草原とオアシスの世界》（《中亚的历史：草原与绿洲的世界》）⑩，论文《バーブル文字に関する覚書》（《与巴卑儿文字相关的便条》）⑪、《内陸アジア：中央アジア（一九八二年の歴史学界：回顧と展望）》（《内陆亚洲：中亚

---

① 长泽和俊：《正倉院とシルクロード》，講談社1981年版。
② 长泽和俊：《シルクロードの東と西》，朝日ソノラマ，1977年。
③ 长泽和俊：《シルクロード文化交流史》，日本放送出版協会，1982年。
④ 长泽和俊：《楼蘭王国》，第三文明社1976年版。
⑤ 长泽和俊：《シルクロード史研究》，国書刊行会，1979年。
⑥ 长泽和俊：《シルクロード文化史》，白水社1983年版。
⑦ 长泽和俊：《シルクロード歴史と文化》，角川書店1983年版。
⑧ 间野英二：《「シルクロード史観」再考——森安孝夫氏の批判に関連して》，《史林91》2008年第2期。
⑨ 间野英二：《14-16世纪中央アジア史研究》，京都大学，1986年。
⑩ 间野英二：《中央アジアの歴史：草原とオアシスの世界》，講談社1977年版。
⑪ 间野英二：《バーブル文字に関する覚書》，《イスラーム地域研究ジャーナル3》2011年。

（1982 年的历史学界：回顾与展望）》）①。

　　樋口隆康（1919—2015），京都大学名誉教授，考古学家，曾考察敦煌，并与京都大学考察团一起赴印度、阿富汗、巴基斯坦考察，曾任丝绸之路学研究中心②所长。代表成果有：《イラン国立博物館所蔵の仏像》（《伊朗博物馆藏佛像》）③、《アフガニスタンの文化遺産（特集シルクロード・シリーズ（6）文化の回廊——アフガニスタン）》（《阿富汗的文化遗产》）④、《ガンダーラ美術の源流を掘る（発掘——58-）》（《发掘键陀罗美术的源流・》）⑤、《敦煌学を覗きみる》（《回顾敦煌学》）⑥、《アフガニスタンの仏教遺跡》（《阿富汗的佛教遗迹》）⑦。

　　梅村坦，中央大学教授，成果主要有：《違約罰納官文言のあるウィグル文書——とくにその作成地域と年代の決定について》（《违约罚纳官文言的某个回鹘文书——关于其制成地点及年代》）⑧ 一文阐明了这些回鹘文书的成书年代是在蒙古统治时期，成书地点是在吐鲁番盆地、《ウイグル文書「SJKr4/638」——婚礼・葬儀費用の記録》（《回鹘文书 SJKr4/638——婚礼、葬礼费用的记录》）⑨、《13 世紀ウィグリスタンの公権力》（《13 世纪回鹘的公全力》）⑩ 解析了 13 世纪后半期存在于吐鲁番盆地的公权力的构造和系统。

　　庄垣内正弘（1942—2014），这位学者跟其他学者不同之处在于他是一名语言学家，专攻回鹘文和突厥语，因此在解读文献方面尤为擅长。其成就主要是：《中村不折氏旧蔵ウィグル語文書断片の研究》（《中村不折

　　① 间野英二：《内陸アジア：中央アジア（一九八二年の歴史学界：回顧と展望）》，《史学雑誌 92》1983 年第 5 期。

　　② 1993 年，由なら・シルクロード博紀念国際交流財団设立，2008 年关闭。

　　③ 樋口隆康：《イラン国立博物館所蔵の仏像》，《仏教芸術》2004 年第 276 期。

　　④ 樋口隆康：《アフガニスタンの文化遺産（特集シルクロード・シリーズ（6）文化の回廊—アフガニスタン）》，《文化遺産 14》2002 年。

　　⑤ 樋口隆康：《ガンダーラ美術の源流を掘る（発掘——58-）》，《芸術新潮 21》1970 年第 10 期。

　　⑥ 樋口隆康：《敦煌学を覗きみる》，《季刊人類学 17》1986 年第 2 期。

　　⑦ 樋口隆康：《アフガニスタンの仏教遺跡》，《東洋学術研究 18》1979 年第 4 期。

　　⑧ 梅村坦：《違約罰納官文言のあるウィグル文書—とくにその作成地域と年代の決定について》，《東洋学報 58》1977 年第 3・4 期。

　　⑨ 梅村坦：《ウイグル文書「SJKr4／638」—婚礼・葬儀費用の記録》，《立正大学教養部紀要》1986 年。

　　⑩ 梅村坦：《13 世紀ウィグリスタンの公権力》，《東洋学報 59》1977 年第 1・2 期。

藏回鹘文书断片研究》)①、《古代トルコ語 n 方言における y/i の低母音
化について》（《论古代突厥语 n 方言中 y/i 的低母音化》)②、《ウイグル
文献に導入された漢語に関する研究》（《回鹘文献中汉语的相关研
究》)③。

前田耕作（1933—　），和光大学名誉教授，阿富汗研究所所长，其
研究的主要领域是阿富汗的巴米扬遗址佛像壁画。代表成果有：《35 米仏
壁画考》（《35 米佛教壁画考》)④、《雲岡石仏寺の開窟（中国の石
仏——山口コレクション〈特集〉)》（《云冈石佛寺的开窟》)⑤、《アフ
ガニスタン考古学の歩み（特集：アフガニスタン)》（《阿富汗考古学的
历程》)⑥ 等。

森安孝夫（1948—　），大阪大学教授，师承护雅夫先生，森安孝夫
的主要研究领域是敦煌文书、回鹘文献、突厥碑文、粟特人等，其著作
《丝绸之路与唐帝国》在国内已有译本，主张从欧亚整体发展态势来重新
审视安史之乱，可以说这一场战乱是"中央欧亚征服王朝"出现的先驱；
粟特人这一群体，不仅是丝路上的商人，他们还参与政治外交，有自己的
情报网络，以及军事集团等，代表作品有《ウイグルから見た安史の乱》
（《回鹘所见安史之乱》)⑦、《河西帰義軍節度使の朱印とその編年》
（《河西归义军节度使的朱印及其编年》)⑧、《ウィグルと吐蕃の北庭争
奪戦及びその後の西域情勢について》（《回鹘与吐蕃的北庭争夺战以及

①　庄垣内正弘：《中村不折氏旧蔵ウィグル語文書断片の研究》，《東洋学報 61》1979 年第
1·2 期。

②　庄垣内正弘：《代トルコ語 n 方言における y／i の低母音化について》，《神戸外大論叢
33》1982 年第 3 期。

③　庄垣内正弘：《ウイグル文献に導入された漢語に関する研究》，《神戸市外国語大学外
国学研究》1987 年第 17 期。

④　前田耕作：《35 米仏壁画考》，《豊田工業高等専門学校研究紀要 3》1970 年。

⑤　前田耕作：《雲岡石仏寺の開窟（中国の石仏——山口コレクション〈特集〉)》，《み
づゑ》1981 年第 912 期。

⑥　前田耕作：《アフガニスタン考古学の歩み（特集：アフガニスタン)》，《西アジア考
古学》2005 年第 6 期。

⑦　森安孝夫：《ウイグルから見た安史の乱》，《内陸アジア言語の研究》2002 年第
17 期。

⑧　森安孝夫：《河西帰義軍節度使の朱印とその編年》，《内陸アジア言語の研究》2000 年
第 15 期。

其后的西域形势》)①、《麹氏高昌国時代ソグド文女奴隷売買文書》
(《麹氏高昌国時代的粟特文女奴买卖文书》)②、《東西ウイグルと中央
ユーラシア》(《东西回鹘与中央欧亚》)③。

荒川正晴(1955—),大阪大学名誉教授,师承长泽和俊先生,研
究主要方向是敦煌、吐鲁番的出土文献,成果有:《麹氏高昌国の官制に
ついて》(《论麹氏高昌国的官制》)④、《麹氏高昌国における郡県制の
性格をめぐって:主としてトゥルファン出土資料による》(《麹氏高昌国
的郡县制:以吐鲁番出土资料为主要依据》)⑤、《トゥルファン出土「麹
氏高昌国時代のソグド文女奴隷売買文書」の理解をめぐって》(《吐鲁
番出土"麹氏高昌国時代的粟特文女奴买卖文书"的理解》)⑥、《中央
アジア地域における唐の交通運用について》(《论中亚的唐代交通使
用》)⑦、《唐帝国とソグド人の交易活動》(《唐帝国与粟特人的交易活
動》)⑧、《北朝隋・唐代における「薩寶」の性格をめぐって(大谷光
瑞師五十回忌記念号)》(《北朝、隋唐时期的"萨宝"》)⑨ 等,通过对
出土文献的解读来分析唐朝的官制、社会情况等,并且在粟特人东方发展
的问题研究上颇有建树,厘清了"萨保"的来龙去脉。

这一时期,海外考察团的数量也十分可观。首先是东京艺术大学民乐
丝绸之路音乐舞蹈调查团(1977 年、1980 年、1982 年),立正大学与新
疆大学・中国科学院联合的丝绸之路调查队(1989 年),中日共同尼雅遗
址学术调查队(1988 年)是经中国国家文物局批准,受日本文部科学省

① 森安孝夫:《ウィグルと吐蕃の北庭争奪戦及びその後の西域情勢について》,《東洋学
55》1973 年第 4 期。
② 森安孝夫:《麹氏高昌国時代ソグド文女奴隷売買文書》,《神戸市外国語大学外国学研
究》1988 年第 19 期。
③ 森安孝夫:《東西ウイグルと中央ユーラシア》,名古屋大学出版会 2015 年版。
④ 荒川正晴:《麹氏高昌国の官制について》,《史観》1983 年第 109 期。
⑤ 荒川正晴:《麹氏高昌国における郡県制の性格をめぐって:主としてトゥルファン出土
料による》,《史学雑誌 95》1986 年第 3 期。
⑥ 荒川正晴:《トゥルファン出土「麹氏高昌国時代のソグド文女奴隷売買文書」の理解
をめぐって》,《神戸市外国語大学外国学研究》1990 年第 21 期。
⑦ 荒川正晴:《中央アジア地域における唐の交通運用について》,《東洋史研究 52》1993
年第 2 期。
⑧ 荒川正晴:《唐帝国とソグド人の交易活動》,《東洋史研究 56》1997 年第 3 期。
⑨ 荒川正晴:《北朝隋・唐代における「薩寶」の性格をめぐって(大谷光瑞師五十回忌記
念号)》,《東洋史苑 50/51》1998 年。

赞助，由新疆文物局、新疆考古所与日本佛教大学尼雅遗址学术研究机构共同组成，其成果如下：《日中共同ニヤ遺跡学術調查報告書》（《中日尼雅遗址学术调查报告书》）第一卷（1996）；《日中共同ニヤ遺跡学術調查報告書》第二卷（1999）；《日中共同ニヤ遺跡学術調查報告書》第三卷（2007），还有早稻田大学丝绸之路调查队（1994—1996 年）等。

这一时期的一场关于中亚史观的论战引人注目，双方是间野英二和长泽和俊，前面提到了间野的观点，争论的焦点在于中亚史研究应该是注重东西方交流还是关注北方游牧民族和南方农耕民族的南北交流，但无论哪一观点，都是日本史学界脱离欧洲中心史观，以区域史的观点来审视中亚史，这个进步是毋庸置疑的。同时，这一时期，研究亦日益成熟，对于出土文献的解读更加深入，野外考察活动增加等原因使得对西亚等地的研究异军突起，并迅速取得成果，近年来，日本学者提倡从欧亚史的角度展开丝绸之路的研究也是受此理论的影响。森安孝夫率先开始关注粟特人，开创相关研究之先河，也决定了之后日本丝路研究的方向。这一时期丝路研究逐步成熟，涉及了丝路沿线的各个地区、文化、宗教、艺术等方面，如古丝路的网状一般，研究也呈百花齐放的状态，开始有丝绸之路通史类的著作面世。可以说，这一时期日本丝路研究进入了全面整合和理论创新阶段。

五　转型阶段（21 世纪初至今）

这一时期学者主要有：可以通读粟特语的专家吉田丰（よしだ　ゆたか），他在解读出土的粟特文献方面做出了很大贡献，比如新疆吐鲁番阿斯塔纳古墓群出土的粟特语女奴买卖契约，正是吉田丰的解读使得学界认识到其重要价值，对了解粟特人的贸易形式起到了巨大作用。影山悦子（かげやま　えつこ），其成果主要有：《敦煌莫高窟維摩詰経変相図中の外国使節について》（《论敦煌莫高窟维摩诘经变相图中的外国使节》）[①]、《ソグドの壁画と東方に移住したソグド人の装具（要約）》（《粟特壁画与移居东方粟特人的装扮》）[②]、《中国北部に居住したソグ

---

① 影山悦子：《敦煌莫高窟維摩詰経変相図中の外国使節について》，《神戸市外国語大学研究科論集》1998 年第 1 期。
② 影山悦子：《ソグドの壁画と東方に移住したソグド人の装具（要約）》，《神戸外大論叢 54》2003 年第 7 期。

ド人の石製葬具浮彫》（《北方中国的粟特人石制葬具浮雕》）①、《ユー
ラシア東部における佩刀方法の変化について：エフタルの中央アジア支
配の影響》（《论欧亚大陆东部佩刀方法的演变：斯基泰统治中亚的影
响》）②、《唐代の祆祠：考古資料による検討》（《唐代的祆祠：依据考
古资料的探讨》）③。山下将司（やました　しょうじ）：《新出土史料よ
り見た北朝末・唐初間ソグド人の存在形態——固原出土史氏墓誌を中心
に》（《新出史料所见北朝末、唐初粟特人的存在状态——以固原史氏墓
志为中心》）④、《隋・唐初の河西ソグド人軍團——天理圖書館藏『文
館詞林』「安修仁墓碑銘」殘卷をめぐって》（《隋唐初河西的粟特军
团——以天理图书馆藏『文馆词林』「安修仁墓碑铭」为中心》）⑤、《唐
の監牧制と中國在住ソグド人の牧馬》（《唐代的監牧制与住在中国的粟
特人的牧马》）⑥、《隋唐の建国と中国在住ソグド人》（《隋唐的建国与
在中国的粟特人》）⑦、《安史の乱におけるソグド人李抱玉の事績につい
て》（《论安史之乱中粟特人李抱玉的事迹》）⑧、《安史の乱における唐
陣営下のソグド武人——「唐・李志忠墓誌」を手がかりに》（《安史之
乱中唐军阵营中的粟特武人——以唐李志忠墓志为线索》）⑨。森部丰
（もりべ　ゆたか）：《ソグド人の東方活動と東ユーラシア世界の展開》
（《粟特人的东方活动与东欧亚世界的发展》）⑩、《ソグド人と東ユーラ

---

　　① 影山悦子：《中国北部に居住したソグド人の石製葬具浮彫》，《西南アジア研究》2004
年第 61 期。
　　② 影山悦子：《ユーラシア東部における佩刀方法の変化について：エフタルの中央アジ
ア支配の影響》，《内陸アジア言語の研究》2015 年第 30 期。
　　③ 影山悦子：《唐代の祆祠：考古資料による検討》，《唐代史研究》2016 年第 19 期。
　　④ 山下将司：《新出土史料より見た北朝末・唐初間ソグド人の存在形態——固原出土史
氏墓誌を中心に》，《唐代史研究》2004 年第 7 期。
　　⑤ 山下将司：《隋・唐初の河西ソグド人軍團——天理圖書館藏『文館詞林』「安修仁墓
碑銘」殘卷をめぐって》，《東方学》2005 年第 110 期。
　　⑥ 山下将司：《唐の監牧制と中國在住ソグド人の牧馬》，《東洋史研究 66》2008 年第
4 期。
　　⑦ 山下将司：《隋唐の建国と中国在住ソグド人》，《アジア遊学》2010 年第 137 期。
　　⑧ 山下将司：《安史の乱におけるソグド人李抱玉の事績について》，《史翀》2018 年第
59 期。
　　⑨ 山下将司：《安史の乱における唐陣営下のソグド武人——「唐・李志忠墓誌」を手が
かりに》，《日本女子大学紀要文学部》2019 年。
　　⑩ 森部丰：《ソグド人の東方活動と東ユーラシア世界の展開》，关西大学出版社 2010
年版。

シアの文化交渉》（《粟特人与东欧亚的文化交流》）①，龙谷大学的入泽崇（いりさわたかし），他主要研究对象为大谷探险队带回的佛教文献、壁画。这一时期的研究受到森安孝夫等前辈学者的影响，研究重心发生转变，他们的研究主要集中在粟特人的东方发展以及唐朝的政治制度上，研究范围进一步精细化，成就可圈可点，值得借鉴。

六 结语

日本的丝绸之路研究从 20 世纪初起步，共经历了四个历程：起步（20—40 年代）、腾飞（40—60 年代）、黄金（70 年代—20 世纪末）、转型（21 世纪初至今）四个阶段，经过四代学者的努力，取得了丰富的成果，无论是对整个宏观史的把控，还是针对微观问题的分析，都业已成熟。我们在审视其研究时，除吸纳先进的研究成果，更应从其中得到启示：一、以区域史的研究视角推进丝路研究，并加强海外考察工作的推进，日本学者自 20 世纪 50 年代以来组织了数十次的野外考察，正是这样大规模的海外活动，使得他们可以在获得第一手出土资料的基础上开展研究，促成了日本丝绸之路研究黄金期的到来；二、重视语言在历史研究中的重要作用，日本学者护雅夫、山田信夫、吉田丰等都是解读古突厥语、粟特语的专家，正因为其充分拥有、利用语言优势，使得一些原始文献可以被解读、被重视，从而揭开历史谜团还原真相。时至今日，学术逐渐国际化，优秀的研究成果必须国际共享，那么所需的仍然是语言的应用，因此，重视国内研究者的语言技能培养十分必要；三、摒弃传统史观的束缚，以新视角、新思维去重新审视欧亚大陆史。以往的"中华中心史观"和"欧洲中心史观"都是带有明显局限性的，在今天越来越多的史料呈现在我们眼前时，应该以一个更开阔和包容的态度去重新思考历史。

附：

东京大学伊拉克·伊朗遗迹调查团报告书 1：《第二号丘の発掘：1956—1957》，江上波夫编著，山川出版社，1959.8。

东京大学伊拉克·伊朗遗迹调查团报告书 2：《タルーイーバクーンの発掘：1956》，江上波夫，増田精一编著，山川出版社，1962。

---

① 森部丰：《ソグド人と東ユーラシアの文化交渉》，勉诚出版社 2014 年版。

东京大学伊拉克·伊朗遗迹调查团报告书 3：《タルーイーギャプの発掘：1959》，江上波夫，曾野寿彦编著，山川出版社，1962.7。

东京大学伊拉克·伊朗遗迹调查团报告书 4：《タペ·スルヴァンの発掘：1959》，新规矩男，堀内清治编著，山川出版社，1963.3。

东京大学伊拉克·伊朗遗迹调查团报告书 5：《デーラマニスターン古墳墓人骨》，江上波夫，池田次郎编著，山川出版社，1963。

东京大学伊拉克·伊朗遗迹调查团报告书 6：《ガレクティ，ラスルカンの発掘1960》，江上波夫编著，山川出版社，1965.3。

东京大学伊拉克·伊朗遗迹调查团报告书 7：《ノールズマハレ，ホラムルードの発掘：1960》，江上波夫编著，山川出版社，1966.12。

东京大学伊拉克·伊朗遗迹调查团报告书 8：《ハッサニ·マハレ，ガレクティの発掘：1964》，曾野寿彦，深井晋司编，山川出版社，1968.3。

东京大学伊拉克·伊朗遗迹调查团报告书 9：《デーラマン古墳墓人骨》，池田次郎编著，山川出版社，1968.12。

东京大学伊拉克·伊朗遗迹调查团报告书 10、13：《ターク·イ·ブスターン》，深井晋司，堀内清治编著，山川出版社，1969。

东京大学伊拉克·伊朗遗迹调查团报告书 11：《第二号丘の発掘：第三シーズン（1964 年）》，深井晋司，堀内清治，松谷敏雄编著，山川出版社，1970.10。

东京大学伊拉克·伊朗遗迹调查团报告书 12：《ガレクティ第 2 号丘，第 1 号丘遗跡の発掘：1964》，深井晋司，池田次郎编著，山川出版社，1971.7。

东京大学伊拉克·伊朗遗迹调查团报告书 14：《タルーイームシュキの発掘1965》，深井晋司等编著，山川出版社，1973。

东京大学伊拉克·伊朗遗迹调查团报告书 15：《第五号丘の発掘：第四シーズン（1965 年）》，山川出版社，1975.3。

参考文献

日文：

［1］白鸟库吉：《西域史研究 上》，岩波书店 1970 年版。

［2］白鸟库吉：《西域史研究 下》，岩波书店 1971 年版。

［3］白鸟库吉：《粟特国考》，《東洋学報》1924 年第 4 期。

［4］白鸟库吉：《月氏の原住地に就いて》，《東洋学報 13》1923 年第 3 期。

［5］白鸟库吉：《大宛国考》，《東洋学報 6》1916 年第 1 期。

［6］长泽和俊：《正倉院とシルクロード》，講談社 1981 年版。

［7］长泽和俊：《シルクロードの東と西》，《朝日ソノラマ》1977 年。

［8］长泽和俊：《シルクロード文化交流史》，日本放送出版協会，1982 年。

［9］长泽和俊：《楼蘭王国》，第三文明社 1976 年版。

［10］长泽和俊：《シルクロード史研究》，国書刊行会，1979 年。

［11］长泽和俊：《シルクロード文化史》，白水社 1983 年版。

［12］长泽和俊：《シルクロード歴史と文化》，角川書店 1983 年版。

［13］高田时雄：《内藤湖南の敦煌学》，《東アジア文化交渉研究別冊（3）》，2008 年。

［14］冈崎精郎：《〈批評－紹介〉西域史研究（上－下巻）白鳥庫吉著》，《東洋史研究 9》1945 年第 3 期。

［15］冈崎敬：《糸綢之路（シルクロード）のかなた———中国とササン・ペルシアと東ローマ帝国》，《月刊文化財》1979 年第 192 期。

［16］冈崎敬：《東西交流の考古学》，平凡社 1973 年版。

［17］冈崎敬：《陶磁から見た東西交渉史》，河出書房新社 1961 年版。

［18］冈崎敬：《シルクロードと仏教文化》，東洋哲学研究所，1979 年。

［19］护雅夫：《高車伝にみえた諸氏族名について——高車諸史族の分布》，《オリエンタリカ》1948 年第 1 期。

［20］护雅夫：《ロシヤとモンゴル——草原史への一つの途》，《思想》1950 年第 318 期。

［21］护雅夫：《ウイグル文葡萄園売渡文書》，《東洋学報 42》1960 年第 4 期。

［22］护雅夫：《遊牧国家とソグド人》，《東洋文庫書報》1976 年第 7 期。

［23］护雅夫：《突厥帝国内部におけるソグド人の役割に関する一資料——ブグト碑文》，《史学雑誌 81》1972 年第 2 期。

［24］护雅夫：《古代トルコ民族史研究》，山川出版社 1967 年版。

［25］护雅夫：《遊牧騎馬民族国家：“蒼き狼”の子孫たち》，講談社 1967 年版。

［26］护雅夫：《東西文明の交流漢とローマ》，平凡社 1970 年版。

［27］护雅夫：《草原とオアシスの人々》，三省堂 1984 年版。

［28］荒川正晴：《麹氏高昌国の官制について》，《史観》1983 年第 109 期。

［29］荒川正晴：《麹氏高昌国における郡県制の性格をめぐって：主としてトゥルファン出土料による》，《史学雑誌 95》1986 年第 3 期。

［30］荒川正晴：《トゥルファン出土「麹氏高昌国時代のソグド文女奴隷売買文書」

の理解 をめぐって》、《神戸市外国語大学外国学研究》1990 年第 21 期。

[31] 荒川正晴：《中央アジア地域における唐の交通運用について》、《東洋史研究
　　　52》1993 年第 2 期。

[32] 荒川正晴：《唐帝国とソグド人の交易活動》、《東洋史研究 56》1997 年第
　　　3 期。

[33] 荒川正晴：《北朝隋・唐代における「薩寶」の性格をめぐって（大谷光瑞師五
　　　十回忌念号）》、《東洋史苑 50/51》1998 年。

[34] 间野英二：《羽田明先生を偲ぶ》、《史林》1990 年。

[35] 间野英二：《「シルクロード史観」再考——森安孝夫氏の批判に関連して》、
　　　《史林 91》2008 年第 2 期。

[36] 间野英二：《14-16 世紀中央アジア史研究》、京都大学，1986 年。

[37] 间野英二：《中央アジアの歴史：草原とオアシスの世界》、講談社 1977 年版。

[38] 间野英二：《バーブル文字に関する覚書》、《イスラーム地域研究ジャーナル
　　　3》2011 年。

[39] 间野英二：《内陸アジア：中央アジア（一九八二年の歴史学界：回顧と展
　　　望）》、《史学雑誌 92》1983 年第 5 期。

[40] 江上波夫：《匈奴の祭祀》、《人類學雑誌 56》1941 年第 4 期。

[41] 江上波夫：《メソポタミア—古代美術》、《みづゑ》1955 年第 595 期。

[42] 江上波夫：《古代西アジアの歴史・民族・美術》、《三彩》1958 年第 101 期。

[43] 江上波夫：《メソポタミアの発掘》、《世界》1958 年第 145 期。

[44] 江上波夫：《イラン先史土器文化の変遷》、《東洋文化》1959 年第 26 期。

[45] 江上波夫：《オリエントへの問い（秘境の壁画（特集））》、《芸術新潮 22》
　　　1971 年第 10 期。

[46] 江上波夫：《文明と美—東西文明交流の足跡を探る》、《三彩》1984 年第
　　　437 期。

[47] 江上波夫：《北アジア史》、山川出版社 1956 年版。

[48] 江上波夫：《東西文化の交流》、角川書店 1960 年版。

[49] 江上波夫：《騎馬民族国家》、中公新書 1967 年版。

[50] 林良一：《シルクロードと正倉院》、平凡社 1969 年版。

[51] 梅村坦：《護雅夫先生を偲んで》、《東洋学報 79》1997 年第 1 期。

[52] 梅村坦：《13 世紀ウィグリスタンの公権力》、《東洋学報 59》1977 年第 1・
　　　2 期。

[53] 梅村坦：《違約罰納官文言のあるウィグル文書——とくにその作成地域と年代
　　　の決定について》、《東洋学報 58》1977 年第 3・4 期。

[54] 前島信次：《バグダードの文化とその滅亡−上、下》、《史學 28》1955 年第

1 期。

[55] 前島信次:《テリアカ考 (一) (二) (三):文化交流史上から見た一薬品の伝播について》,《史学 36》1963 年第 4、421、451 期;《史学 37》1963 年第 3 期;《史学 38》1966 年第 4 期。

[56] 前島信次:《アッバース朝の盛時》,《イスラム世界》1968 年第 6 期。

[57] 前島信次:《医人の見たメッカ巡礼》,《イスラム世界》1975 年第 10 期。

[58] 前島信次:《私のシルクロード》,《知識》1981 年第 21 期。

[59] 前島信次:《アラビア史》,修道社 1958 年版。

[60] 前島信次:《東西文化交流の諸相》,東西文化交流の諸相刊行会, 1971 年。

[61] 前島信次:《シルクロードのすべて:草原と英雄と遺跡文化》,産報ジャーナル, 1977 年。

[62] 前島信次:《シルクロード事典》,芙蓉書房 1975 年版。

[63] 前島信次:《シルクロード 99 の謎:流沙に埋もれた人類の遺産》,産報ジャーナル, 1977 年。

[64] 前島信次:《シルクロードの秘密国:ブハラ》,芙蓉書房 1982 年版。

[65] 前田耕作:《35 米仏壁画考》,《豊田工業高等専門学校研究紀要 3》1970 年。

[66] 前田耕作:《雲岡石仏寺の開窟 (中国の石仏——山口コレクション〈特集〉) 》,《みづゑ》1981 年第 912 期。

[67] 前田耕作:《アフガニスタン考古学の歩み (特集:アフガニスタン) 》,《西アジア考古学》2005 年第 6 期。

[68] 三杉隆敏:《海のシルクロードを求めて》,創元社 1968 年版。

[69] 三杉隆敏:《中国磁器の旅海のシルク・ロードを行く》,学芸書林 1973 年版。

[70] 三上次男:《陶磁の道 東西文明の接点をたずねて》,岩波書店 1969 年版。

[71] 桑原騭藏:《東西交通史論叢》,弘文堂書房 1933 年版。

[72] 森安孝夫:《唐帝国とシルクロード》,講談社 2016 年版。

[73] 森安孝夫:《ウイグルから見た安史の乱》,《内陸アジア言語の研究》2002 年第 17 期。

[74] 森安孝夫:《河西帰義軍節度使の朱印とその編年》,《内陸アジア言語の研究》2000 年第 15 期。

[75] 森安孝夫:《ウィグルと吐蕃の北庭争奪戦及びその後の西域情勢について》,《東洋学 55》1973 年第 4 期。

[76] 森安孝夫:《麴氏高昌国時代ソグド文女奴隷売買文書》,《神戸市外国語大学外国学研究》1988 年第 19 期。

[77] 森安孝夫:《東西ウイグルと中央ユーラシア》,名古屋大学出版会 2015 年版。

［78］山边知行：《シルクロードの染織スタイン・コレクションニューデリー国立博物館蔵》，紫红社 1979 年版。

［79］森部丰：《ソグド人の東方活動と東ユーラシア世界の展開》，关西大学出版社 2010 年版。

［80］森部丰：《ソグド人と東ユーラシアの文化交渉》，勉誠出版社 2014 年版。

［81］山田信夫：《遊牧国家論批判》，《歴史学研究 / 歴史学研究会編（通号 212）》 1957 年。

［82］山田信夫：《唐とペルシァ時代のロマン》，《知識》1981 年。

［83］山田信夫：《9 世紀ウイグル亡命移住者集団の崩壊》，《大阪大学文学部紀要 / 大阪大学文学部編（通号 16）》1972 年。

［84］山田信夫：《「ウイグルの始祖説話」について》，《ユーラシア学会研究報告 （通号 2）》1955 年。

［85］山田信夫：《ウイグル文天地八陽神呪経断片》，《東洋学報 40》1958 年第 4 期。

［86］山田信夫：《ウイグル文貸借契約書の書式》，《大阪大学文学部紀要》1965 年。

［87］山田信夫：《回鶻文斌通（善斌）売身契三種》，《東洋史研究》1968 年。

［88］山田信夫：《草原とオアシス》，講談社 1985 年版。

［89］山下将司：《新出土史料より見た北朝末・唐初間ソグド人の存在形態——固原出土史 氏墓誌を中心に》，《唐代史研究》2004 年第 7 期。

［90］山下将司：《隋・唐初の河西ソグド人軍團——天理圖書館蔵『文館詞林』「安修仁墓碑銘」残巻をめぐって》，《東方学》2005 年第 110 期。

［91］山下将司：《唐の監牧制と中國在住ソグド人の牧馬》，《東洋史研究 66》2008 年第 4 期。

［92］山下将司：《隋唐の建国と中国在住ソグド人》，《アジア遊学》2010 年第 137 期。

［93］山下将司：《安史の乱におけるソグド人李抱玉の事績について》，《史艸》 2019 年第 59 期。

［94］山下将司：《安史の乱における唐陣営下のソグド武人——「唐・李志忠墓誌」を手がかりに》，《日本女子大学紀要文学部》2019 年。

［95］松田寿男：《東亞遊牧民と國際貿易》，《鴨台史報 3》1935 年。

［96］松田寿男：《突厥勃興史論》，《歴史教育 2》1984 年第 5 期。

［97］松田寿男：《天山北路の歴史的あり方》，《オリエント 6》1963 年第 2 期。

［98］松田寿男：《絹馬交易と禹氏の玉——最古のシルク・ロードについて》，《東洋史研究 26》1967 年第 1 期。

［99］松田寿男：《古代中国とその周辺諸民族》，《歴史教育 15》1967 年第 5・6 期。

[100] 松田寿男：《遊牧生活とオアシス農耕》,《歴史教育 15》1967 年第 9・10 期。

[101] 松田寿男：《烏戈山離へのみち（東西交渉史特集）》,《史学 44》1971 年第
　　　1 期。

[102] 松田寿男：《中央アジア史》,《弘文堂・アテネ文庫》1955 年。

[103] 松田寿男：《古代天山の歴史地理学的研究》, 早稲田大学出版部 1956 年版。

[104] 松田寿男：《東西文化の交流》, 至文堂 1962 年版。

[105] 松田寿男：《シルクロード紀行》, 毎日新聞社 1971 年版。

[106] 石田干之助：《长安の春》, 創元社 1941 年版。

[107] 藤田丰八年版。大宛の貴山城と月氏の王庭》,《東洋学報 6》1916 年第 2 期。

[108] 藤田丰八：《月氏の故地とその西移の年代》,《東洋学報 6》1916 年第 3 期。

[109] 藤田丰八：《胡床につきて》,《東洋学報 12》1911 年第 4 期。

[110] 藤田丰八：《「胡床につきて」補遺》,《東洋学報 14》1924 年第 1 期。

[111] 藤田丰八：《東西交渉の研究巻上, 下》, 萩原星文館 1943 年版。

[112] 樋口隆康：《イラン国立博物館所蔵の仏像》,《仏教芸術》2004 年第 276 期。

[113] 樋口隆康：《アフガニスタンの文化遺産（特集シルクロード・シリーズ
　　　(6) 文化の回廊—アフガニスタン）》,《文化遺産 14》2002 年。

[114] 樋口隆康：《ガンダーラ美術の源流を掘る（発掘-58-）》,《芸術新潮 21》
　　　1970 年第 10 期。

[115] 樋口隆康：《敦煌学を覗きみる》,《季刊人類学 17》1986 年第 2 期。

[116] 樋口隆康：《アフガニスタンの仏教遺跡》,《東洋学術研究 18》1979 年第
　　　4 期。

[117] 榎一雄：《大月氏の大尾羊について》,《民族學研究 14》1949 年第 1 期。

[118] 榎一雄：《魏書粟特国伝と匈奴・フン同族問題》,《東洋学報 37》1955 年第
　　　4 期。

[119] 榎一雄：《シルクロードの実態-上-利益の配分をめぐって》,《思想》1974
　　　年第 603 期。

[120] 榎一雄：《シルクロードの実態-下-キャラヴァン貿易について》,《思想》
　　　1974 年第 606 期。

[121] 榎一雄：《大谷探検隊の意義（シルクロードのすべて〈特集〉）》,《知識》
　　　1981 年第 21 期。

[122] 榎一雄：《東西文明の交流》, 講談社 1977 年版。

[123] 榎一雄：《シルクロードの歴史から》, 研文出版 1979 年版。

[124] 榎一雄：《敦煌の歴史》, 大東出版社 1980 年版。

[125] 岩村忍：《絹の路と金の路》,《心 11》1958 年第 9 期。

[126] 岩村忍：《ペルシアの契丹王朝》,《心 21》1968 年第 9 期。

[127] 岩村忍:《十三世紀東西交渉史序説》,三省堂 1939 年版。

[128] 岩村忍:《シルクロード:東西文化の溶炉》,日本放送出版協会,1966 年。

[129] 岩村忍:《西域とイスラム》,中央公論社 1967 年版。

[130] 岩村忍:《中央アジアの遊牧民族》,講談社 1977 年版。

[131] 岩村忍:《中央アジヤ探検記》,創元社 1953 年版。

[132] 伊藤义教:《ペルシア文化渡来》,岩波书店 1980 年版。

[133] 影山悦子:《敦煌莫高窟維摩詰経変相図中の外国使節について》,《神戸市外国語大学研究科論集》1998 年第 1 期。

[134] 影山悦子:《ソグドの壁画と東方に移住したソグド人の装具 (要約)》,《神戸外大論叢 54》2003 年第 7 期。

[135] 影山悦子:《中国北部に居住したソグド人の石製葬具浮彫》,《西南アジア研究》2004 年第 61 期。

[136] 影山悦子:《ユーラシア東部における佩刀方法の変化について:エフタルの中央アジア支配の影響》,《内陸アジア言語の研究》2015 年第 30 期。

[137] 影山悦子:《唐代の祆祠:考古資料による検討》,《唐代史研究》2016 年第 19 期。

[138] 羽田亨:《回鶻文の天地八陽神呪経 (1、2) (正誤表・補正)》,《東洋学報 5》1915 年第 3 期。

[139] 羽田亨:《〈雑纂〉亀茲・于闐の研究》,《史林 2》1917 年第 3 期。

[140] 羽田亨:《新出波斯教残経に就て》,《東洋学報 2》1912 年第 2 期。

[141] 羽田亨:《大谷伯爵所蔵新疆史料解説 (1)》,《東洋学報 1》1911 年第 2 期。

[142] 羽田亨:《太秦景教大聖通真帰法讃及び大秦景教宣元至本経残巻について》,《東方学》1951 年第 1 期。

[143] 羽田亨:《西域文明史概論》,弘文堂書房 1931 年版。

[144] 羽田亨:《西域文化史》,座右宝刊行会,1948 年。

[145] 羽田明:《明末清初の東トルキスタン:その回教史的考察》,《東洋史研究 7》1942 年第 5 期。

[146] 庄垣内正弘:《中村不折氏旧蔵ウィグル語文書断片の研究》,《東洋学報 61》1979 年第 1・2 期。

[147] 庄垣内正弘:《代トルコ語 n 方言における y / i の低母音化について》,《神戸外大論叢 33》1982 年第 3 期。

[148] 庄垣内正弘:《ウイグル文献に導入された漢語に関する研究》,《神戸市外国語大学外国学研究》1987 年第 17 期。

[149] 佐口透:《コーカンド汗国の勃興と東方貿易》,《ユーラシア学会研究報告 (通号 2)》1955 年。

［150］佐口透：《コーカンド汗国の東方発展》，《東洋学報》1953 年。

［151］佐口透：《19 世紀前半期におけるカシュガリアの農業開発》，《史学雑誌》
　　　　1954 年。

［152］佐口透：《ロシアのトルキスタン研究》，《歴史教育》1967 年。

［153］佐口透：《18—19 世紀東トルキスタン社会史研究》，吉川弘文館 1963 年版。

［154］佐口透：《ロシアとアジア草原》，吉川弘文館 1966 年版。

中文：

［1］白鸟库吉：《康居粟特考》，傅勤家译，商务印书馆 1936 年版。

［2］长泽和俊：《近年日本研究西域史的新成果》，钟美珠译，《民族译丛》1984 年
　　　第 2 期。

［3］陈奉林：《日本的海上丝绸之路研究：成就、趋势及其启示》，《上海师范大学学
　　　报（哲学社会科学版）》2020 年第 6 期。

［4］冯佐哲：《长泽和俊谈日本学术界关于丝绸之路的研究》，《社会科学战线》1979
　　　年第 1 期。

［5］荣新江：《西域史研究的回顾与展望》，《历史研究》1998 年第 2 期。

［6］桑原骘藏：《隋唐时代西域人华化考》，何健民译，中华书局 1939 年版。

［7］藤田丰八：《西域研究》，杨炼译，商务印书馆 1935 年版。

A Summary of the Research History
of the Silk Road in Japan

Liu Xing

Abstract： with the proposal of China's "Belt and Road Initiative" initiative, the study of the Silk Road has once again become the focus and returned to people's field of vision, while Japan, as the center of Silk Road research, has experienced four stages in the past hundred years: start (1940s), take-off (1940s and1960s), gold (the end of the 20th century) and transformation (from the beginning of the 21st century to the present), and has achieved fruitful results, so combing and examining the study of Japan can enable us to master the study of the Silk Road in Japan macroscopically, and get inspiration and reference from it, to help to build the research system of the Silk Road in Chinese characteristics, and promote the realization of the "Belt and Road Initiative" proposell.

Keywords: Japan; The silk road; Research history; Inspiration and reference

种族与性别：略论《拾骨》中身体的历史与现状

唐丹丹　孙　坚

摘　要： 作为一种表征，身体在《拾骨》中扮演着重要角色。在小说中瓦德从空间、肤色、发色等不同侧面叙述了被权力宰制的身体，展现了密西西比州长期存在的深刻的种族与性别问题。本文以福柯的身体理论为参照，通过分析小说中白人与黑人身体、男性与女性身体的历史、现状以及卡特里娜飓风过后的身体，透视美国南方白人对黑人身体的规训，男性对女性身体的规训以及卡特里娜飓风对种族与性别关系的影响。文章认为对黑人和女性身体的长期规训是权力操纵的结果，飓风的到来改变了这种规训，但要彻底解决种族与性别问题，道路依然曲折。

关键词：《拾骨》；身体；卡特里娜飓风；空间

一　引言

美国当代非裔女作家杰丝米妮·瓦德（Jesmyn Ward）是其同时代青年作家中的佼佼者，她曾凭借《拾骨》（*Salvage the Bones*）、《歌唱吧，未葬者，歌唱吧》（*Sing，Unburied，Sing*）两次荣膺美国国家图书奖。出版于 2011 年的《拾骨》讲述了家住密西西比州的艾斯一家，在 2005 年卡特里娜飓风期间十二天内发生的故事。在有关《拾骨》的研究中，国内外学界主要关注以下方面：其一，国内外学者倾向于把该作纳入"南方文学（Southern Literature）"的范畴，有人将其与电影《南国野兽》（*Beasts of the Southern Wild*）相比，认为两部作品都是对居住在南方的非裔美国人艰难的生存环境以及由此所激发的顽强生命力的阐释（Lloyd

---

作者简介：唐丹丹（1994—　），女，陕西师范大学外国语学院，研究生，研究方向：英美文学。

孙坚（1966—　），男，陕西师范大学外国语学院，教授，研究方向：英美文学。

2016：261）；其二，作为一部书写卡特里娜飓风的作品，"后卡特里娜小说（Post-Katrina novel）"是该作另一标签，"证词叙事（testimonial narrative）"便是该类型小说的特点之一（Galm 2018：19），卡特里娜飓风（飓风本身以及飓风过后对灾难的应对）在该类作品中只是作为一种事实证词，证词这一表象的背后是完整的故事，即有色人种在美国南方艰难生存的故事；其三，小说与汉密尔顿《神话》的互文也受到了广泛关注，艾斯以古希腊神话中的故事理解生活，美狄亚便是她理解自己女性身份（包括年轻爱人和母亲）的参照，美狄亚杀死自己的孩子，然而，艾斯作出了不同的选择，即努力做一个母亲（Stevens 2018：158）；此外，学术界也注意到了该文本的"身体"侧面，Christopher W. Clark（2015：341）从暴风雨、身体和社区三个方面分析了文本，提出小说中各种身体的混杂性及动物与人类身体之间界限的模糊性是南方种族历史的体现，是南方故事的独特书写；国内有人从女性主义视角关注小说中的女性身体，分析了艾斯身体和精神方面获得成长的过程。总之，既有研究已经关注到了小说中的身体表征，但对身体内含的种族与性别关系研究不足。鉴于此，本文以福柯的身体理论为参照，通过分析小说中白人与黑人身体的历史、现状以及卡特里娜后的身体，透视美国南方白人对黑人身体的规训，男性对女性身体的规训以及卡特里娜飓风对其产生的影响。本文认为，身体作为一条隐含的故事线索贯穿该作始终，《拾骨》对身体的关注，不仅是作品南方性的体现和艾斯性别的表征，而且体现在生活的方方面面，成为各种权力的载体，身体书写贯穿祖父、父亲以及艾斯三代人，深刻地反映了小说中的种族和性别问题。

二　身体理论简述

在福柯的身体理论中，身体可以被驯顺、驾驭、使用、改造和改善，"在任何一个社会里，人体都受到极其严厉的权力的控制"（福柯 2012：155）。在对身体规训的过程中，权力借助符号所重构的序列和发生过程，将身体进行等级划分，在现代，肤色和性别是常见的身体等级划分标准。一般来说，对身体进行控制的权力机构按照双重模式运作，一方面，二元划分被打上标记，即白人/黑人、男性/女性、正常/反常等；另一方面，强制安排和有区别的分配，即，他是谁，他应该在哪里，他应该如何被描述，他应该如何被辨认，等等（福柯 2012：223）。等级决定身体在分类中的位置，反过来为统治权力的行使提供通用处方，辅助对身体规训（福柯 2012：113）。"空间分配""时间"安排是身体规训常用的方法，身体因而成为空间的载体、时间的载体、权力的载体。

两次世界大战期间，美国种族研究提出"功能失调黑人"假说（"dysfunctional Negro"hypothesis），以所谓的科学现实主义为依据，宣称少数族裔会对白种人造成污染，将少数族裔人群划入"二等公民"的行列。之后，功能失调黑人假说，这一未被证实的假说，成为种族研究和20 世纪 60 年代政策的基础，美国政府对少数族裔，尤其是黑人，采取如人口控制、强制绝育以及种族隔离的政策（Gilman & Thomas 2018：40）。男性对女性同样玩弄"种族隔离的把戏"，"让女性成为男性需要的执行者"（西苏 1992：191），女性在男权社会中成为第二性别，成为"家庭天使（the angel in the house）"。

三　黑人身体的隔离：空间与种族

身体与空间密不可分，白人利用这一点开始对密西西比州黑人进行身体的规训与隔离。"某些特殊空间被规定为不仅可以用于满足监督和割断有害联系的需要，而且也可用于创造一个有益的空间"（福柯 2012：163）。然而，最初黑人对空间的重要性并不自知，对白人给予善意与信任，这种善意和信任反而被白人所利用，将黑人抛弃隔离在外，被隔离的黑人处于劣势，境况日益窘迫，并在代际之间不断累积恶化。

在善意与恶意、给予与剥削的对照下，黑人逐渐相较于白人居于处境的洼地。黏土对白人来说是有价值的，约瑟夫外公"答应让那些跟他一起干活的白人在这里挖黏土，用作盖房子的地基"（瓦德 2014：18）。在白人买走黏土之后，约瑟夫家成了一片存积雨水的沼泽石崖——"大洼地（the Pit）"，至此悔之不及。大洼地不仅是地理上即身体空间上的洼地，也是约瑟夫一家身体处境上的洼地。失去土地，外公约瑟夫种植庄稼不再可能，粮食收入受损的外公一家，生活受到了极大的影响，在外婆去世之前，她的八个子女仅有艾斯母亲存活于世。甚至在此之后，大洼地仍旧是一个安全隐患，其中所存积的雨水在卡特里娜飓风来临时让艾斯一家的身体付出惨重的代价。"黏土"似乎是一种黑人价值的隐喻，被利用后，结局便是被隔离抛弃。瓦德似乎意在通过虚构的售卖黏土情节来影射鲜为人知的密西西比州黑人与白人之间的土地冲突。"在密西西比州，土地一直是种族冲突的主要战场"。据紧急土地基金前主席乔·布鲁克斯估计，从1950年到种族隔离政策彻底废除的1969年，黑人农民失去了大约600万英亩的土地。而这些土地的购买与出售表面上是通过法律机制，而实际上则来自非法压力，包括歧视、欺诈，甚至直接的暴力和恐吓（Newkirk 2019）。在小说中，外公认识到危险性后决定不再卖土赚钱，后来，"他死去了"。关于外公的死因，外婆告诉艾斯他是得口腔癌去世的，然而，艾斯并不确信这一原因是否可信，并在其后强调"至少莉兹贝特外婆是这样告诉我们的"（瓦德2014：19），艾斯对这一问题的过度解释让我们有理由质疑上述叙事建构。白人通过权力运作获得了空间的支配地位，密西西比州的黑人也像印第安人一样被霸占了土地，仅留下了一片大洼地，正如艾斯对她头发的描述一样，这都"是从他们（印第安人）那继承来的"（瓦德2014：17）。

　　白人利用黑人的善意创造有利于自身的空间，实现对空间的支配，将黑人隔离在外，这增加了黑人身体的负担。买走黏土的白人在便利的圣·凯瑟琳小镇盖起了房子，这些房子像一座座城堡将黑人隔离在外。圣·凯瑟琳和荒木镇是小说中具有象征意义的两个地方，其中，圣·凯瑟琳是白人聚集区，荒木镇仅有少量白人，属于黑人聚集区。一道河湾将两个小镇隔开，然而这种分隔不仅是地理上的，也体现在社会生活各个方面，荒木镇像是圣·凯瑟琳的反面。圣·凯瑟琳各方面条件优越，基础设施齐全，有百货店、学校、书店、医院、兽医诊所……是火车穿过的地方，给当地白人带来了便利；而荒木镇则像是一个原始的村落，仅有的"矮小的天主教堂""镇公园"和"没有硬化过的停车场"想要"展现荒木镇的文明秩序"，但也以失败告终（瓦德2014：149）。荒木镇的居民要去圣·凯瑟琳小镇的百货店购物，去圣·凯瑟琳的医院看病，去圣·凯瑟琳的学校上学，这给黑人带来了极大的不便。荒木镇主要居住着黑人，没有学校，所有的人均要去凯瑟琳学校读书，这无疑增加了黑人学生身体的负担，艾斯和其兄弟们"早上六点半就要出门，这一路大概要一个小时"。时间表作为一种纪律出现在学校中，时间表的应用在于创造一段高效利用的时间（福柯2012：171）。学校地址的选择、校车路线的选择使得白人学生的时间可以充分利用，代价则是牺牲黑人学生的利益。然而，即使是在荒木镇，种族隔离也是十分严格且明显的，白人居住在"中心位置"，在"荒木镇黑人社区边上"（瓦德2014：83），艾斯一家并没有住在镇中心，而是离其很远的大洼地，附近的浅沟变成了垃圾场，经常有垃圾焚烧。白人对空间的分配是一种对于黑人身体的规训与压迫，长此以往，这种不平等不断累积，白人占据优越的地理位置，拥有便利的条件，黑人则在恶劣的环境下生活愈加艰难，甚至"保留前辈的房子"（瓦德 2014：75）也成为了一种奢望，造成黑人身体处境的代际恶化。

　　经历了"隔离但平等"政策废除的艾斯父亲，对政府更加信任，然而他依然没得到平等，而是成为为飓风付出"手指"的人。1969 年种族隔离从政策上被彻底取消，然而，留存下来的严格的地理上的分割却使得种族隔离的现实并没有得到实质性改变。没有了土地，父亲开始了以捡垃圾为生、以酒度日的生活，然而面对白人政府，他是相信的。收音机是爸爸获取外界信息的一个方式，而对于收音机里面所播报的内容，父亲深信不疑。在曼尼与兰德尔争论新闻的内容是否可信时，曼尼表示"荒木镇一有人被抓进去了，对那事情前后的报道一准是错的"（瓦德 2014：9）。而父亲则清醒地说"新闻说得没错"（瓦德 2014：10）。飓风即将来临，艾斯一家买最便宜的东西，囤积仅够两天的食物，爸爸则表示相信"联邦应急管理局和红十字会会来送食物的"（瓦德 2014：250）。父亲对政府的信任并没有换来平等的对待。联邦政府并没有做好飓风的善后工作，为这场飓风付出代价的是黑人，其代表便是父亲。飓风即将来临之时，艾斯和兰德尔再一次来到了白人家中，"但这一次没有老头像挥斧头似得拿枪对着"（瓦德 2014：268）他们，他们已经离开去避难了。而由于没有能力离开的艾斯一家为躲避飓风准备着，父亲在为飓风做准备的过程中，由于疏忽，他的三根手指被切掉了。美国儿童文学作家玛丽·梅普斯·道奇在以荷兰童话为原型创作的作品《汉斯·布林克或银色滑冰鞋》中，荷兰哈莱姆地区的英雄男孩也用他的手指堵住了大坝的漏洞，成了拯救洪水的英雄。与其相似，父亲成为卡特里娜飓风中牺牲手指来阻挡飓风的人，然而，不同的是，父亲并没有阻挡成功，也没有成为英雄，更没有被人铭记，仅仅成了这一过程的受害者，失去了自己的三根手指，同时也失去了往日的"精气神"。艾斯在文中叙述道：父亲无助的手、"我的手和斯奇塔的手都很像"（瓦德 2014：116），"手"在这里似乎是某种隐喻，即作为牺牲品的黑人身体。

　　圣·凯瑟琳与荒木镇的隔离是白人在空间上对黑人身体的规训，这种规训始于白人对黑人善意与信任的利用，对土地的支配，此后，黑人被置于恶劣的环境中生活。1969 年种族隔离制度废除使父亲这辈人看到了希望，然而这种对政府的信任并没有帮助其得到平等的对待，种族隔离制度的废除也并没有实现白人与黑人之间实质上的平等，种族歧视在艾斯这一辈人身上变得更加复杂。

四　黑人身体的划分：肤色与性别

种族歧视在法律上的废除，不足以消解白人对黑人在社会、思想文化方面的规训，漫长的绝望"无力破坏思想的习惯性结合，而只能使之变得更紧密"（福柯 2012：35）。个人的区分是一种权力挤压的后果，这种权力自我扩展、自我衍生和连接（福柯 2012：222）。受到白人等级制度的压迫和同化，黑人内部出现了更精细化的分割，在身体上具体表现为黑人内部肤色和性别的歧视与规训。

肤色是种族差异的标志性特征，白人对黑人的肤色歧视逐渐内化到黑人自身的观念中。与母亲那一辈对于自己身体的"骄傲"（瓦德 2014：157）不同，艾斯经过白人主导的文化教育，开始尤其关注他人的肤色深浅：曼尼的肤色是"新抛开的松木心的颜色"（瓦德 2014：9），莎莉亚的肤色"没有那么黑"（瓦德 2014：71），马奎斯和他表哥是"核桃色肤色"（瓦德 2014：203），兰德尔"肤色如黑铁"，妈妈的肤色像"橡树枝一样暗"（瓦德 2014：29）。艾斯也因她的肤色"很黑"（瓦德 2014：10）而自卑。艾斯与莎莉亚肤色的差别也影响到了曼尼对他们的选择。艾斯在莎莉亚之前爱上了曼尼，曼尼经常抱怨莎莉亚"翻他的手机""一天到晚给他打电话""一周之内顶多给她做一顿饭""不洗衣服"，但他仍然总是回到莎莉亚身边（瓦德 2014：71）。艾斯认为其中一部分原因来自莎莉亚较浅的肤色。甚至，这种由于肤色造成的不同等级也渗入黑人的语言之中，浅色皮肤的瑞克在辱骂斯奇塔和大亨利等人时，称他们为"荒木镇的小黑鬼"（瓦德 2014：188）。黑人根据肤色的深浅程度区分出四个或五个阶层——肤色浅，阶层就越高（Lewin 1941：219）。肤色的深浅成为肤色较浅黑人获取尊严的一种方式，而这种尊严的获得同样基于对深色皮肤黑人的歧视，在白人身上失去的尊严，在更深肤色的黑人身上得到了补偿。

性别是黑人内部歧视与规训的另一个向度。如果说黑人男性身体遭遇的不公来自他们的肤色，黑人女性身体承受的则是来自种族和性别两方面的压迫。小说中的雌性比特犬琪娜，是黑人女战士的隐喻，她要用身体和"鞋子斗"，和其他比特犬斗，还要和"即将出生的狗崽斗"（瓦德 2014：4），鞋子是男性对女性身体规训的一种隐喻。与其相似，对黑人女性身体造成困扰的有种族，还有男性对她们身体的支配与规训。

与琪娜一样，黑人女性所要斗争的对象便是未出生的孩子，作为母体的女性身体为男性对女性身体的支配提供了条件。小说以琪娜生狗崽开篇，"神圣之音没有选择斯奇塔，而是选择了它的身体"（瓦德 2014：11）作为母体，然而却因此威胁了它的生命，生育之时，琪娜正在奋力一战，像是有"一双大手在拧她"（瓦德 2014：11）。外婆莉兹贝特一生有八个子女；艾斯母亲几乎每隔一年就要生育一个孩子，最后难产去世；艾斯对自己的怀孕充满焦虑，"这个恐怖的事实如一把火焰"（瓦德 2014：46），让她感觉自己快要爆炸了；像艾斯一样焦虑的女孩并不少见，学校的女生经常会谈起没有钱流产而应对怀孕的其他办法，如"吃一个月的避孕药""喝漂白剂""使劲捶打肚子""用整个身体撞到汽车的金属边缘"（瓦德 2014：130），这些方法无疑会对女性的身体造成极大的伤害。怀孕过后，即使琪娜顺利生产，之后也因为哺乳的事情差点失去生命。作为母体的女性身体让男性支配女性的身体成为可能，这一支配使得种族得以延续，也使得这种支配代代相传。刚出生的男孩子成了一个全新的人，然而，"一到青春期"他们便开始改变，他们加入父亲的同盟，延续这种权力补偿，"那才是他们成人以后的模子"（瓦德 2014：114）。

头发是权力对黑人女性身体规训的又一对象。艾斯对男性身体的关注主要在肤色上，与此不同，艾斯在描述女性身体时重点关注女性的头发。在荒木镇与圣·凯瑟琳小镇的分叉口处发生车祸的女子有着"如金色避孕套包装纸一样颜色"（瓦德 2014：41）的头发；被艾斯羡慕的香茅的头发"金色发亮"；去购物时遇到"头发是大大波浪卷"（瓦德 2014：36）的一位母亲；超市收银员的"红色头发"（瓦德 2014：38）；荒木镇的一个白人女士的"亮红色头发"（瓦德 2014：100）；女性"天气预报员的头发是亮的，可能是金色的"（瓦德 2014：171）；在医院遇到的一位白人女性"头发是红色的，烫成小卷"（瓦德 2014：168）。与这些头发不同，艾斯的头发却是"黑黑的、卷曲蓬松"的（瓦德 2014：31），头发是她的"独特之处"，是她"身上一样稀缺的东西，像白色杜宾犬般罕见"（瓦德 2014：10），母亲让她在还小的时候不妨享受其中，因为一旦长大成人，改变便不可避免。然而，正如白色杜宾犬是一种有缺陷的物种，这种头发并没有为艾斯带来骄傲而是成了她的缺陷，给她带去了自卑，她说，"我不想让头发碍事。妈妈说的不对，我没有值得骄傲的地方"（瓦德 2014：157）。社会对女性头发的规训深深印刻在艾斯的脑中，以至于她在幻想她未出世的孩子时，首先想到的是孩子是否会继承曼尼"金亮亮的肤色"，然后便是她的"头发"（瓦德 2014：283）。虽然母亲让艾斯享受已经"长成这样"的头发中，然而随着年龄的增长，头发还是对她产生了困扰，使其在对女性的描述中关注到了各种头发的不同，并对他人的头发心生羡慕。在 1881 年，罗杰斯，一位黑人女性，由于美国航空禁止在工作场合梳自己喜欢的发型而将其以种族歧视和性别歧视的名义告上法庭。尽管罗杰斯案是第一次将编发的问题置于法庭之中，然而这种禁令在工作场合是"普遍并长期存在的"（Caldwell 1995：366）。黑人女性的头发作为一种种族标记给她们带来了精神虐待，她们开始寻求改变。"头发是身体的产品，但不是身体本身"，这种"半身体性"说明其与快感无关，也没有痛感，可以"被公开地合法地乃至肆意地摆弄"（汪民安 2006：69），很多黑人女性开始通过向主流文化靠拢，通过拉直头发来逃避这种种族主义的压迫（Caldwell 1995：366），艾斯的母亲便是其中之一。在艾斯父亲与母亲的一张照片中，母亲的头发做了"离子烫"，变成了直发，"光滑地披在脑后"（瓦德 2014：170）。与黑人女孩不同，其他黑人妇女也同艾斯母亲一样，需要通过改变头发来逃避种族歧视，找到工作，养活家庭。飓风之后，妇女们来到街上，"发棒"（瓦德 2014：314）成了她们手里的必备品。

种族隔离政策的废除并没有使白人与黑人种族实现融合与平等，黑人的身体依然遭受着不平等的对待，同时，黑人内化了白人对肤色等级分类的方法。在权力挤压下，基于肤色深浅，黑人身体得到进一步的区分，浅色皮肤的黑人开始通过歧视深色皮肤的人获得自尊。除此之外，黑人男性通过歧视黑人女性来获得自尊，黑人女性的身体遭遇种族和性别的双重压力，艾斯，一个拥有深色皮肤的女孩，则在这种等级划分的最低端，遭受着最严重的歧视。

五　卡特里娜之后：融合抑或分裂？

卡特里娜飓风这位嗜血的母亲无情地席卷了海湾，她是如此强大，在她面前，活着成为唯一的目标，卡特里娜像一剂催化剂，促成人类团结成一个整体，种族、性别仿佛都不再重要。然而，在她无情的吞噬下，遭受重创的黑人更加坚定了种族间的区隔，走向对立与分裂。

像隔开荒木镇与圣·凯瑟琳小镇的一条河湾一样，肤色将白人与黑人分开，然而他们所共同经历的卡特里娜飓风促进了种族间的融合。荒木镇每年都会遭受飓风的袭击，飓风面前没有人种的区别，这些自然灾害创造了白人与黑人新的共同的经历，冲击着"由奴隶船改造的旅馆"（瓦德 2014：7）。同时，灾难过后，"人性中固有的善得以显现：种族团结、意想不到的善举、广泛的宽容、彰显的勇气、对他人的关心和善意"（Dass-Brailsford 2008：27）。这种善意、团结和宽容使种族融合成为可能。卡特里娜飓风过后，象征种族歧视的圣·凯瑟琳小学①被"吹得如同一张煎饼"（瓦德 2014：320），不复存在；"白人老头和黑人老头在一棵小树下铺开防水布，打算支帐篷"（瓦德 2014：321），互相帮助。在大亨利开着车去圣·凯瑟琳的路上，一位老妇人向他们求助，她"肤色介于黑白之间，像白色，也像浅黑色，我（艾斯）也说不清"，在面对深黑色皮肤的大亨利和艾斯时，她脸上露出了"平静"的表情（瓦德 2014：321），肤色似乎变得不再重要。

当卡特里娜来临，生命受到威胁，性别的划分亦无足轻重。"大水冲进客厅之前，我们根本没有时间找鞋"（瓦德 2014：311），作为性别标志的鞋子在死亡面前无关紧要，性别的对立在卡特里娜的催化下开始融合，父亲改变了，艾斯为此努力着。父亲为之前推搡艾斯而道歉，他变得不再严厉古板，不再忽略艾斯生病的身体，不再"忘了我（艾斯）是个女孩子"（瓦德 2014：130），而是变得温和，并为艾斯身体健康考虑。一个不会书写身体，"既聋又哑的妇女是不可能成为一名好斗士的"（西苏 1992：188）。用身体讲故事的艾斯，飓风过后，不再为大声说话而感到"难为情"，她变得勇敢，说话时"嗓音很高，像是别人在说话"（瓦德

---

① 在文本中，"一九六九年种族隔离制度废除之前，这所小学是专供黑人上的学校"，详见第 177 页。

2014：318），在琪娜的影响下，她成了一个好斗士，学会了成为一个母亲；在拥抱斯奇塔时，她的双臂十分强壮，"从来没有如此强壮过"（瓦德 2014：308）；同时，她明白了什么是爱，她不再迷恋令其受伤的曼尼，而是看到了温暖、永远陪在她身边的大亨利。

然而，对于那些在自然灾害中失去至爱的人来说，灾害反而加深了他们对种族间隔阂与歧视的认识。卡特里娜带走了琪娜，斯奇塔更加坚定地将琪娜的死亡归咎于黑人与白人之间的不平等。琪娜对于斯奇塔来说有着与其他人不一样的意义，她像斯奇塔的至亲，他们"二者平等"（瓦德 2014：38）。斯奇塔是琪娜的第一个主人，"琪娜眼中只有斯奇塔"（瓦德 2014：4），斯奇塔也对琪娜充满爱与崇敬。斯奇塔深知各种不平等的存在，而且他也是为平等而战的斗士。当去白人家中偷东西时，他筹备精确，以防出现问题，因为他知道，在这个社会白人与黑人并不平等。当大亨利说起白人女孩养的狗对草过敏，斯奇塔却认为白人并没有对狗平等相待。他否定这些不平等，认为不仅人与人之间，而且人与动物之间也应该平等，他为平等而斗争。当父亲对艾斯不公平时，他帮助艾斯对抗父亲；当曼尼对艾斯不公平时，他为艾斯而战，在身上留下伤疤；当黑人种族内部出现歧视时，在斗狗中，他要让其他狗主人知道，他并不差，他鼓励琪娜用身体战斗，让其他狗知道"它们没了你（琪娜）就不能活"（瓦德 2014：222）。飓风过后，他认为白人与黑人之间的不平等并没有消失，大亨利告诉他圣·凯瑟琳的情况，他却说"荒木镇又不是圣·凯瑟琳"（瓦德 2014：328），琪娜在飓风中的消失坚定了斯奇塔的这种种族区隔的观念，"就像身体里注入的石块：如同那些留在地下的混凝土地基"（瓦德 2014：327），艾斯认为倘若琪娜还能够活着回到斯奇塔身边，泪水将会冲洗掉"他心中那块石头"（瓦德 2014：330），然而，很显然，这种希望十分渺茫。而"石头"，作为"遭受歧视"的一种隐喻，在小说中曾多次出现，它们"坚硬无声"，像正在哺乳的琪娜，像生病的父亲，像兰德尔的胳膊，而他们对于"因为什么而幻化成石头，别无选择"（瓦德 2014：113）。失去琪娜的斯奇塔就像飓风中失去至亲的黑人，他们绝望、无助。飓风过后，艾斯一家去了大亨利家避难，唯独斯奇塔独自一人回到已经破烂不堪的家中，他点起篝火，收拾琪娜的东西，琪娜小时候叼走的象征性别的"鞋子"又被斯奇塔找出来了，性别歧视也仍然没有消失。

卡特里娜飓风的影响是深远的。一方面，她冲击着美国南方奴隶制的历史，男权制在其面前同样受到了冲击，这加强了黑人与白人以及黑人内部的凝聚力，加速了种族的融合。然而，富有、有权势的白人在飓风来临之前已经离开，剩下来的只是黑人和部分处于弱势的白人，如白人老人。同时，在飓风中失去亲人的黑人反而坚定了种族区隔的事实，社会的不公自此深刻烙印在他们脑海中。

六　结语

美国黑人的历史就是一部黑人身体史，在所谓的科学现实主义理论研究下，肤色成为白人的一种权力，白人对黑人的身体进行宰制，黑人则被奴役、被隔离。与此相似，性别也成为男性对女性身体进行约束的一种权力，女性身体成为权力规训的对象，受到异质权力的审判。肤色、性别作为权力划分的基础，历史深远，作为肉眼可见的表象，在权力的压力下，渗透进黑人内部，作用于生活的各个方面。就摆脱歧视是否可能，相较于给出一套符合美国政治正确的标准答案，小说更倾向于通过飓风情境引人深思。一方面，飓风不会因为种族而丝毫偏袒，创造了一种平等，灾害也解开了男性对女性的束缚，灾害威胁下的种族、性别关系似乎意味着，不带束缚的、符合共同利益的种族与性别平等是可以实现的，因为对黑人与女性的规训的同时，未尝不是对白人和男性意识的反规训。但潜藏其后另一方面则是，这种由自然灾害带来的冲击是暂时的、不彻底的，应对灾难带来的实用性需要是两种平等实现的基础，说到底，飓风和平等都是一种非常态，但飓风也至少提供了一种可能。后卡特里娜时代的种族与性别歧视是否卷土重来，或许在当今美国社会已有定论，但在种族与性别对立、规训与反规训长期存在的情境下，如何塑造共识、卸下枷锁以解放对立双方，这或许是瓦德希望引发的长远思考。

参考文献

［1］ Clark, C. W, What comes to the surface: Storms, bodies, and community in Jesmyn Ward's Salvage the Bones, Mississippi Quarterly, 2015 (3), p. 341-358.

［2］ Caldwell, P. M, A hairpiece: Perspectives on the intersection of race and gender, Duke Law Journal, 1991 (2), p. 365-396.

［3］ Dass - Brailsford, P, After the storm: Recognition, recovery, and reconstruction, Professional Psychology: Research and Practice, 2008 (1), p. 24-30.

［4］Dodge, M. M, Hans Brinker, or the silver skates: A story of life in Holland, London: Sampson Low, Marston, Low, Searle, 1875.

［5］Galm, B, Defining Post-Katrina literature: Hurricane Katrina and experiences of disaster, race, and environment, Indiana University of Pennsylvania, 2018.

［6］Gilman, S. L, and J. M, Thomas. Are racists crazy?: How prejudice, racism, and anti – semitism became markers of insanity, New York: New York University Press, 2018.

［7］Lloyd, C, Creaturely, throwaway life after Katrina: Salvage the Bones and Beasts of the Southern Wild, South: a Scholarly Journal, 2016, p. 246-264.

［8］Lewin, K, Self-hatred among Jews, Commentary, 1941, p. 219-232.

［9］Newkirk, V. R, The great land robbery: The shameful story of how 1 million black families have been ripped from their farms, The Atlantic, 2019. （2019 – 09 – 29）［2019 – 12 – 20］. https://www.theatlantic.com/magazine/archive/2019/09/this – land-was-our-land/594742/.

［10］Stevens, B. E, Medea in Jesmyn Ward's Salvage the Bones, International Journal of the Classical Tradition, 2018, p. 158-177.

［11］［法］米歇尔·福柯:《规训与惩罚》（修订译本），刘北成、杨远婴译，生活·读书·新知三联书店 2012 年版。

［12］傅林、夏志刚:《美国公立学校种族隔离制度的形成与终结——以非洲裔美国人的经历为例》，《史学集刊》2006 年第 3 期。

［13］［美］杰丝米妮·瓦德:《拾骨》，付垚译，上海文艺出版社 2014 年版。

［14］汪民安:《身体，空间与后现代性》，江苏人民出版社 2006 年版。

［15］［法］埃莱娜·西苏:《美杜莎的笑声》，张京媛:《当代女性主义文学批评》，北京大学出版社 1992 年版。

［16］张龙艳:《顺从、反抗与自由——〈拯救骨头〉中的女性身体与主体性建构》，《太原学院学报》（社会科学版）2019 年第 4 期。

Race and Gender: A Brief Analysis of the History and Status Quo of Bodies in *Salvage the Bones*

Tang Dandan Sun Jian

Abstract: As a type of representative, "body" plays an important role in

Salvage the Bones. With "body writing" as the starting point, this thesis explores the various sides of bodies including space, skin colours, and hair colours, disclosing the long-standing and profound problems of racism and sexism in Mississippi. On the basis of Foucault's body theory, the paper analyzes the history and status quo of black and white bodies as well as those after Hurricane Katrina, which manifests white people's ruling of black bodies, male ruling of female bodies and the impact of Hurricane Katrina on racism and sexism. This paper argues that the long-term ruling of black and female bodies is the consequence of manipulation of power. The appearance of the hurricane brings changes to the ruling, but there still will be a winding road to go before recism and sexism die out.

Keywords: *Salvage the Bones*; bodies; Hurrricane Katrina; space

语言与教学

研究生公共英语课程思政
教学模式探究

李伟芳

摘　要：在课程教学中实现学生核心素养和道德品格的协同发展，是高校研究生教育的重大课题。课程思政将隐性教育与显性教育相结合、把价值培养融入专业培养，是落实立德树人宏观教育目标和核心素养培养具体目标的有效途径。本研究拟在核心素养视域下，以课程思政为载体，挖掘互联网+在教育教学方面的优势，采取混合式教学形式，探讨在公共研究生英语教学中实现语言文化教学、价值引导和思维培养协同发展的具体路径。

关键词：课程思政；核心素养；研究生公共英语课程

一　引言

课程思政和核心素养是我国教育改革的重要方向，也因而是教育领域的热点研究论题。这两个概念起源不同，在具体内涵和实施途径上各具特色，但是在立德树人的根本目标和兼顾学识与品格培养的指导思想上具有高度契合性。以联系的眼光探讨两者的相通之处不仅能够深化高校教育改革的理论基础，且有助于建构起具体的课程教学模式，从而为高校立德树人根本目标的实现提供切实可行的路径。

本研究是在上述理念指导下，以研究生公共英语教学模式为研究对象，在核心素养视域下，以课程思政为载体，挖掘互联网+在教育教学方面的优势，采取混合式教学形式，探讨在教学中实现语言文化教学、价值

基金项目：本研究为陕西师范大学 2021 年度研究生教育综合改革研究与实践项目"思政元素融入研究生公共外语教学的路径研究"（项目编号：GERP-20-35）阶段性成果。

作者简介：李伟芳（1975— ），女，陕西师范大学外国语学院，副教授，研究方向：外国语言学及应用语言学。

引导和思维培养协同发展的具体路径。

二　理论基础及研究综述

（一）课程思政

"课程思政"是高等院校遵循习近平总书记有关讲话精神，将思想政治教育融入人才培养体系，实现全员全方位育人、立德树人教育目标的重要渠道。2016 年，习近平总书记在我国高校思想政治工作会议上提出高校思想政治工作要因事而化、因时而进、因势而新，并要求高校各类课程要与思想政治理论课同向而行，形成协同效应。要坚持显性教育和隐性教育相统一，挖掘其他课程和教学方式中蕴含的思想政治教育资源，实现全员全程全方位育人。这一重要理念是我国当下教育发展的基本政策，为新时期高校课程建设指明了方向，对我们的高校教育发展具有重要的战略意义。自从该理念提出后，一方面是国家教育权威部门对相关理念和要求的进一步解释与细化，如颁布《高等学校课程思政建设指导纲要》，明确了课程思政建设的目标任务、主要内容和具体要求；另一方面，从事高等教育的研究人员和教学人员积极推进相关科研和教学改革实践，如高德毅和宗爱东（2017）、翁铁慧（2020）等对课程思政的内涵、理论基础、现实意义等进行了理论探讨。

在此背景下，如何在高校英语学科教学中落实思想政治教育亦成为英语教学研究的热点，陈雪贞（2019）、杨婧（2020）、文秋芳（2021）等对于高校公共英语课思政的教学设计和落实途径等进行了探索。

（二）核心素养

"核心素养"这一概念的正式产生是在 20 世纪和 21 世纪之交，此后诸多国际组织、国家和地区相继形成各自的核心素养框架。它们在具体的语言表述和内容体系上不尽相同，但其基本内核是一致的，即 21 世纪人才应具备的最为关键和核心的能力与素养，而这也是 21 世纪社会发展对于教育事业提出的最为重要的要求。

为提升人才的国际竞争力，我国教育部门自 21 世纪初开始大力推进学生核心素养体系的建构。2014 年 3 月教育部颁布《关于全面深化课程改革落实立德树人根本任务的意见》，正式提出了"核心素养"这一重要概念；2016 年 3 月由林崇德教授领衔的核心素养研究课题组发布《中国学生发展核心素养》报告，标志着我国核心素养体系的初步形成。核心素养"主要是指学生应具备的，能够适应终身发展和社会发展需要的必备品格和关键能力。研制中国学生发展核心素养，根本出发点是将党的教育方针具体化、细化，落实立德树人根本任务，培养全面发展的人，提升21世纪国家人才核心竞争力。"（核心素养研究课题组 2016：1）核心素养是一个相对宏观的教育理念，需要在具体的学科教学中进一步细化。《普通高中英语课程标准》（2017年版2020修订）指出英语学科核心素养是学生通过英语学科学习而形成的正确价值观、必备品格和关键能力，主要包括语言能力、文化意识、思维品质和学习能力。王蔷（2018）、束定芳（2017）、程晓堂（2020）等就英语学科核心素养的实质、内容和分类等进行了学理上的探讨，教学设计和案例等实践成果亦不断丰富。

（三）探索课程思政与核心素养内在关联的意义

核心素养和课程思政都蕴含着知识技能传授与价值观培养同频共振的理念，因此对核心素养与课程思政的内在关联进行深刻的思考和理解，有助于挖掘研究生公共英语课程在培养核心素养和提高思政认识方面的优势，实现育人目的。

发展学生核心素养和建设课程思政体系均服务于立德树人的根本教育目标。英语学科核心素养中文化意识的培育"有助于学生增强国家认同和家国情怀，坚定文化自信，树立人类命运共同体意识，学会做人做事，成为有文明素养和社会责任感的人"（中华人民共和国教育部 2020：4—5），这一点与课程思政将思想政治教育融入人才培养的本质要求完全一致。已有的研究成果为实现提高人才培养质量、落实立德树人根本任务的具体路径进行了积极有益的探讨，亦为核心素养体系的完善、课程思政理念的落实提供了理论支撑和实践证据。但目前两者的研究多各自为政、少有联系。特别是当前的核心素养研究多聚焦于基础教育领域，对高等教育领域的关注度则相对不足。正如有研究者所指出的，核心素养"对高等教育来说更重要、更急迫，也更具有培养条件"（袁振国 2016：31）。面对相关需求，已有部分学者开始关注到核心素养与课程思政的契合之处，并尝试探讨两者的内在联系和在教学实践中的落实，但具体到英语课程，特别是高校公共英语教学的研究还较为匮乏。

事实上，公共英语是多数高校的必修通识课，涉及文化和价值等内容，是开展核心素养培养和落实课程思政的重要阵地；研究生是国家高等教育着力培养的高水平人才，唯有德才兼备的研究生方可成为日后的行业精英。特别在教育领域，师资水平是实现立德树人的关键因素，而师资来自高校，特别是研究生群体，其核心素养和思政理念对未来的高等和基础教育都有深远影响。在研究生教育中提升学生的英语学科素养和价值品行修养，不仅关乎他们的国际竞争力，更是实现国家立德树人教育目的的重要一环。因此，本研究将试图在核心素养视域下，对研究生公共英语课程思政教学模式的建设展开探讨。

三　核心素养视域下研究生公共英语课程思政教学模式探索

（一）明确思政教学理念 厘清多元教学目标

教师是课程学习的组织者，正确的教学理念、清晰的教学目标是其开展课程思政教学的先决条件。在课程思政模式下，英语教师首先需要将马克思主义理论和思想政治教育的思想内化于心，然后以正确的理念引导学生、以科学的方法引导学生在英语学科学习中加强社会主义核心价值观。

研究生是国家培养的为服务于未来社会发展的高层次人才，作为研究生培养体系中重要一环的研究生公共英语课程的任课教师，必须站在为国家培养具有家国情怀和国家认同的新时代人才这一高度上去深刻体会所授课程的重要性，并认识到研究生公共英语课程目标应包括知识目标、能力目标和价值目标等三方面的内容。只有兼顾这三个方面，把各种任务有机联系起来，把知识传授与思维培养和价值引领有机结合，真正做到教书与育人的内在统一，方能达到课程设计的最优化。因此，增强学生英语语言的理解和运用能力仅是研究生公共英语课程中最为基础的教学目标。除此之外，应培养学生在全球化背景下的跨文化认知和思维能力、增强学生自主学习意识和策略、提升学生在学习活动中锻炼识别问题和解决问题的能力，帮助他们最终成为具有责任感、国家认同和文化自信以及应对国际化、信息化社会中各种挑战的新时代人才。

研究生公共英语课程兼具教育性、工具性和人文性。其教育属性在于，研究生公共外语课程是我国研究生教育的重要组成部分，对于促进学生的教育成长具有重要意义；其工具属性在于通过相关学习，提高语言能力、促进跨文化认知和交际；其人文属性在于通过相关课程学习，可提升学生的文化认知、文化辨识的能力，在促进文化交流的同时、弘扬民族文化价值，培养优秀品质。归根结底，从本质上来说英语教育是人文教育，其最终目标在于情感、道德、信仰、美感的培养，唯有摆脱单纯地对语言技能的单向关注，提倡能力培养、品格与情操养成的并举，提升学生通过语言认识世界、培养心智的能力，方能充分体现英语作为人文学科的本质内涵，而这也正是英语学科核心素养体系和课程思政的价值目标所指。

（二）甄选教学材料 挖掘隐性思政元素

在深刻认识研究生公共英语的教学理念和教学目标的基础上，教师需在课程设计、教学实践和教学评估等多方面做到引领价值观与传授语言知识和培养语言应用能力的有机结合，这其中对教学材料的甄选和挖掘，是开展价值教育的前提。

作为一门语言课程，公共研究生英语课程以英语为教学材料和课堂活动的组织语言。众所周知，语言既是文化和意识形态的载体，也是文化和意识形态的传播媒介。任何语篇都具有一定的价值取向，隐含了一定的价值准则。因此，传授一种语言实际上也就是传授该语言所代表的文化和所承载的意识形态的过程。相应地，英语课程中不可避免地要涉及英语国家的文化和意识形态内容。而且，当前我国绝大多数高校所使用的研究生公共英语教材虽然种类繁多，内容丰富，但是多为选自英语国家的母语读物，因此基本以英美国家文化为基础，其所蕴含的价值观也难免会隐含了西方中心主义的特点。相应地，有关中国文化和民族价值观和思政元素的内容较为匮乏，因此，教师必须在提高自身文化意识水平和意识形态以及加强自身思政水平和学科核心素养的前提下提高甄别能力，从不具显性思政特征的语篇中挖掘出隐性的课程思政元素，这是开展研究生公共英语课程思政的重要保障。

公共研究生英语教师需在备课阶段，深入分析和体会教学材料语篇中蕴含的价值取向，并对之进行挖掘和提炼，并引导学生对语篇进行分析、比较、总结和评价。对教材语篇中符合社会主义核心价值观的内容，需要在课堂教学中和课内外的师生交流互动中传递；对于可能会与本民族价值观不同乃至冲突的内容，应引导学生对其进行批判性地思考，知其然并知其所以然，在比较的基础上，加深理解和感悟。如果课本中确实缺乏相应的价值元素，则应结合教材主题，扩展学习材料，从而在依托语篇的主题意义探究中，将价值培养和思维训练巧妙地融入语言教学中。具体实践可包括：挖掘传统中国文化的内容，将中华民族的优秀传统文化、经典历史事件、优秀文学作品等融入教学素材；引入国家政策精神导向，特别是将社会主义核心价值观、科技兴国等根本性指导精神的内容引入教学中；巧用时政素材，通过对社会热议的时政事件的讨论和分析，加强学生理论联系实践的能力。

（三）巧用混合式教学　落实育人目标

在更新教学理念、明确教学目标和丰富教学素材的基础上，教师应进一步在研究生公共英语教学中优化教学方法，推进混合式教学的深入展开，实现整合、关联、发展的课程建设。就研究生公共英语课程而言，混合式教学一方面有利于思政素材的输入和学习，另一方面也有助于学生的语言产出和能力展现。教师可在课前利用线上学习的便利，为学生提供丰富的材料，如党的十九大报告、两会报告的英文版本及海外媒体评介，让学生获取第一手、真实的语言输入素材；在课中的线下学习环境，通过教师面授、师生讨论、课堂展示等方式加强对学习内容的理解和内化；在课后环节，布置线上作业和调查学生反馈等，使教学效果最大化。

混合式教学并非线上学习与线下学习的简单相加，它既包含了理论基础的融合，也具有教学方式的整合。在吸收建构主义、人本主义和认知学习理论思想的基础上，通过结合面授学习与在线学习的优势，将自主学习和终身学习能力的培养落到实处。在线学习对于学生的主动性、自觉性和自律性都有着更高的要求，也因而是培养学生积极的学习态度和刻苦自律精神的良好路径。而且，在线自主学习实际上是学生发现问题、解决问题的过程，并在其中建构新知、形成认识，是对学生识别和解决问题能力的培养与锻炼。

混合式学习有助于提高教学内容的丰富性和学生的参与度，利于价值教育与课程学习的融合。在教学活动的组织中，教师根据具体的教学活动和内容采取相适宜的具体教学方法。如在介绍时代背景或相关内容对比时，教师可采取直观法，以图片、视频等形式对相关内容进行直观呈现，以加强学生直观感受；在安排学生进行产出练习时，可采取实践法，即组织项目展示、角色扮演、小演讲等形式。使得学生在完成任务的过程中，运用所学的语言知识和文化知识，在实践中加深知识内化、文化感悟以及价值认同。在研究生公共英语教学中，教师可充分利用在线学习丰富教学中思政元素并利用相关的英语学习平台展开加大产出训练。如利用《中国日报》微信公众号相关内容在丰富英语素材的同时加强爱国主义教育、利用"爱写作"和"批改网"等在线写作平台开展写作训练，在写作中渗透价值教育理念、在构思和语言组织的训练中培养批判思维能力。

（四）建构学习共同体 提升学识与品格修养

如前所述，核心素养指的是学生应具备的，能够适应终身发展和社会发展需要的必备品格和关键能力。为适应全球化、信息化程度不断加深的21世纪的需要，人才必须具备与人沟通、团体合作的能力。学习并非是单纯的个体化行为，更具有社会化活动的属性。因此，在研究生公共英语课程学习中，教师组织学生建构学习共同体，使学生在线上线下的学习中进行互动、沟通与合作。学习共同体遵循"目标性、开发性和专业性"的原则，具有探索、质疑和表达的自由，在交流合作中培养尊重他人、团队意识、大局观。基于学习共同体的学习，有助于在生生之间和师生之间实现信息共享、情感沟通并最终达成意义协商、知识构建以及身份认同。而且学习共同体有助于帮助学困生突破学习中浅表学习的困境，加强学习的主体意识、主动意识和反思意识，从而走向深度学习。对于学优生而言，在与学习共同体成员的对话和协助中，获得更多自我锻炼的机会、提升团队意识和友爱精神，并可加强他们积极贡献的先进意识，从而实现共同体成员的互助双赢。混合式学习为学习共同体成员平等参与学习活动提供了更大的便利，使协作学习的形式更为多样，也更利于具有多元智能的学生以不同的形式发挥特长。在依托语篇的主题探究中，学习共同体的成员可以发挥各自在素材整理、语言表述、信息化呈现等方面的特长，在对话、合作中提升学习成果的同时，加强品格修养，从而实现核心素养与德育发展。

混合式的教学模式和学习共同体的实践，也需要多样化教学评价体系的配合，特别是要对思政育人的重要性给予充分的关注。教师应依据知识目标、能力目标和价值目标的三重考量，丰富教学评价方式，在教学中实践任务和考核的多样性，在常规的词汇、语法、写作练习之外，可增加读书报告、语音汇报等作业形式，通过课堂提问、课堂观察、线上反馈等方式对学生进行评价，并鼓励学生在学识素养和品德修养等多方面开展自评、互评与反思。

三　结语

本文提出建构以核心素养为导向的研究生公共英语课程思政教学模式，教师在更新教学理念和明确教学多元目标的基础上，扩展和挖掘英语学习中的思政元素，将价值观与精神教育融入英语课堂，有助于增强研究生的国家认同和家国情怀；以混合式教学为实践教学的具体模式，建构生生和师生之间的学习共同体，以增强学生的自主学习和问题解决能力，形成互助友爱的学习氛围，增强学生的责任感、团队意识和大局观念；通过学习中对文本语篇的深度分析，在学习和运用语言的同时，提升学生的文化感知和文化比较能力，获得批判性思维的培养，最终实现学生在语言能力、文化意识、思维品质和学习能力的多元提升。

鉴于英语学科核心素养和课程思政在立德树人的目的性和兼顾学识与品格培养的内容上的一致性，以及公共研究生英语课程质量对于研究生整体教育质量的重要影响，应进一步拓宽和深入研究核心素养和课程思政的相关理念，在立德树人的总目标下挖掘两者契合相通之处，构建起符合时代需要的教学评一体化研究生公共英语课程，提升学生用英语传播中国文化与精神、讲述中国故事的综合能力、实现公共英语课程在研究生培养中的育人功能。

参考文献

［1］陈雪贞：《最优化理论视角下大学英语课程思政的教学实现》，《中国大学教学》2019 年第 10 期。

［2］陈泽航、王蔷、钱小芳：《论英语学科核心素养中思维品质及其发展途径》，《课程·教材·教法》2019 年第 1 期。

［3］程晓堂：《核心素养下的英语教学理念与实践》，广西教育出版社 2020 年版。

［4］高德毅、宗爱东：《从思政课程到课程思政：从战略高度构建高效思想政治教育课程体系》，《中国高等教育》2017 年第 1 期。

［5］核心素养研究课题组：《中国学生发展核心素养》，《中国教育学刊》2016 年第 10 期。

［6］林崇德：《21 世纪学生发展核心素养》，北京师范大学出版社 2016 年版。

［7］束定芳：《关于英语学科核心素养的几点思考》，《山东外语教学》2017 年第 4 期。

［8］王蔷等：《基于学生核心素养的英语学科能力研究》，北京师范大学出版社 2018

年版。

［9］ 翁铁慧：《大中小学课程思政一体化建设：整体构架与实践路径研究》，人民出版社 2020 年版。

［10］ 杨婧：《大学英语课程思政教育的实践研究》，《外语电化教学》2020 年第 4 期。

［11］ 袁振国：《核心素养对学科中心的挑战——大学变革的历史轨迹与启示之五》，《中国高等教育》2016 年第 22 期。

［12］ 赵蒙成：《研究生核心素养的框架与培养路径》，《江苏高教》2018 年第 2 期。

［13］ 中华人民共和国教育部：《普通高中英语课程标准（2017 年版 2020 年修订）》，人民教育出版社 2020 年版。

Study on the Teaching Model of Ideological and Political Education in Graduate English Course

Weifang Li

Abstract：It is an essential task for college graduate education to realize the synergetic development of students' key competencies and moral character. Integrating ideological and political education into specific courses is an effective way to combine implicit education and explicit education as well as infusing moral education into professional education, which will naturally lead to the realization of the educational goals in key competencies development and moral cultivation. This study explores the construction of a teaching model which applies blended teaching in graduate English course embedded with political and ideological education to enhance graduate students' key competences as well as moral values.

Keywords：Key Competencies；Ideological and political theory courses；English Course for Graduate students

大学英语写作教学的
"生态给养"转化探究
——以"多元反馈"写作教学模式为例

樊　静

摘　要：本研究以生态教育观为理念，从大学英语写作多元反馈教学模式切入，探究学习者如何感知、解读和转化不同给养方式及其相关原因，从而为优化写作教学"生态给养"的数量、类型、内容等提供借鉴。本研究表明：基于信息化教学资源的大学英语多元反馈写作生态教学模式为学习者提供了充分且积极的语言形式给养，促成对写作知识的吸收与转化。建议该教学模式下的教师反馈侧重引导学生关注文章主旨及结构，并根据学习者、学习环境的动态特征积极调适给养方式与内容。

关键词：生态给养；多元反馈；大学英语写作

一　引言

疫情时代下崭新的教学理念、优化的教学模式、丰富的学习资源、多元的教学模式及教学评估等，使大学英语教学呈现出英语教育的新生态。社会的飞速发展与变革也给近十多年来备受教、研者关注的语言生态教学提供了更为丰富的研究空间。生态语言学视角下的语言教学认为语言学习是人与周围环境有效连接、互为影响的一种方式，进而考察语言学习过程中学习者、教师、语言及文化环境等生态因子之间的相互作用，以及这一作用对学习者语言学习的影响等。从近二十年来的研究看，该领域的研究

基金项目：本文系中国高等教育研究分会 2021 年度"外语教育研究"课题《课程思政导向下绘养型大学英语生态"共同体"建构探究与实践》（项目编号：21WYJYYB17）的部分成果。

作者简介：樊静（1977—　），女，陕西师范大学外国语学院，副教授，研究方向：社会语言学。

者偏重"外语课堂和教学生态化研究"，其研究焦点以"生态教育""生态课堂""生态化"以及"生态给养"等为主（任丽，2015；王薇、鲍彦，2020）。然而，也有研究认为自 2014 年以来"生态给养"已成为外语教学研究的关键词之一，但尚未成为普遍关注的热点，亟待进一步研究（王薇、鲍彦，2020）。

在大学英语写作教学过程中，教师为学习者提供一定的语言学习环境，促使学习者从语言环境中主动汲取所需要的"生态给养"（ecological affordance），包括写作技巧、写作素材、写作反馈、写作协商等；同时，学习者感知、解读学习资源与互动机会，进而采取行动将之转化为写作过程中的积极或消极给养，即所谓"给养转化"——"感知（perception）、解读（interpretation）、行动（action）"（Lier，2010；秦丽莉、戴炜栋 2015）。鉴于这一过程涉及诸多要素，如行为者（教师、学习者）、调节工具（如信息技术）、环境互动（师生、生生、信息资源与学生、学生与技术工具、学生与自己）等，这些要素之间是如何协同共存以促进学习者写作过程中从给养到转化的有效生态循环，成了笔者所关注的研究问题。

二　概念界定

（一）生态给养

受社会文化理论（Social Culture Theory）的启发，英国学者 Van Lier（1996）提出了"生态给养"的概念，认为给养是环境的一种特殊特质，与环境中活跃的、能感知给养的有机体有关；给养促进有机体采取进一步的行动，而哪些给养能够被有机体转化和吸收，取决于有机体想要做什么，以及什么对其有用。Aronin & Singleton（2013）认为"生态给养"包含三个要素，即语言、语言使用者和环境，其中，语言可以是单一种语言，也可以是多种语言，既指有声语言，也包括肢体语言和书面语言；环境不仅指特殊环境下有形的内容，也指无形的内容；三要素之间相互作用，形成一个有机的共同体。

（二）多元反馈

"多元反馈"写作教学模式是指智能反馈、同伴互评和教师反馈相结合的写作反馈教学模式。本研究借助由北京外研在线数字科技有限公司（"外研在线"）提供、北京航空航天大学梁茂成教授研发的 Iwrite 英语写作与教学评阅系统，为研究对象的写作提供智能反馈和同伴反馈。该系统基于对大学英语写作教学的深入研究而设计，能够实现对语言、内容、篇章结构和技术规范四维度的机器智能评阅及同伴互评反馈。此外，教师反馈是指教师根据学习者对来自 Iwrite 平台智能反馈和同伴反馈的反思与质疑，有针对性地为学习者提供相关反馈，包括语言形式、知识结构、写作策略，以及如鼓励、肯定、赞扬等写作情感调适等，帮助学习者消解在前两者反馈中所产生的知识困惑和写作心理障碍。

三　国内外研究现状

西方学者有关外语教育的生态给养研究仍然多以理论论证为主（Steffensen & Fill，2004），而已有的实证研究侧重对技术辅助（如：CALL、网络、手机等）下的语言教学环境和多语学习环境的关注（Aronin & Singleton，2012）。少数学者也探讨了社会文化影响下语言课堂内、外的学习环境给养状况：如 Menezes（2011）从语言学习历史的角度研究了学习者的课外给养环境；Peng（2011）研究了语言学习给养环境对大学英语学习者学习信念的影响；Lai（2013）则通过质性研究方法（语篇分析、历史陈述、访谈等），以语义符号感知为视角，探究和诠释学习者对语言给养环境的转化。Thoms（2014）在研究中认为师生互动所产生的语言给养是语言学习生态环境的重要组成部分，能够提升学习者的语言准确性及语言学习效能。

国内相关研究始于 20 世纪 80 年代。张正东先生（1989）首次在研究中提出外语教学是一个"统一、和谐、平衡、循环"的过程，应该根植于中华文化的"天人合一"理论。进入 90 年代，曾葡初（1999）详细梳理了英语教学中文化、语言、课堂等基本概念及其在教学过程中的相互关联，进一步推动了外语教育的生态研究。21 世纪以来，尤其是近十年来大量运用生态学理论分析外语教学的学术成果相继出现，主要集中于对课堂环境生态化、外语教学生态化、教师发展生态化等方面的研究。在外语教学的宏观应用层面，研究多基于社会文化理论，强调外语教学既是一个整体，也是一个生态系统，该系统中各要素的生态现状与发展决定了外语教学的质量（陈坚林，2010；秦丽莉，2013）；微观应用层面则侧重于建构外语课堂生态教学环境及学习者的生态学习环境等（刘森林，2008；魏晶，2010）。也有学者开始关注学习者在交互过程中对环境（社会环境、课堂环境等）的认知与行动，从而进一步从生态给养理论出发，探讨混合式生态课堂中学习者对生态给养的感知、解读和行动状况（黄国文，2018；秦丽莉，2020）。

从上述研究中可知，生态语言学视域下的生态给养研究仍然重理论、轻实践；研究视角逐渐从如何建构整体观下的生态给养型教学环境，到探究学习者在该学习环境中如何转化"生态给养"，优化学习者的学习机制，促使学生从"被动学习"向"主动学习"的转变等。虽然该方面研究已取得了一定的研究成果，却仍然以定量研究为主，缺乏从质性研究层面对生态给养环境建构、生态给养转化过程与发展的关注。国内目前仅秦丽莉等（2020）依据生态给养理论与调节理论，借助质性数据较为深入地调查和分析了大学英语混合式教学模式下学习者对积极给养与消极给养的转化状况。鉴于此，本研究以生态教育观为理念，从大学英语写作多元反馈教学模式切入，探究学习者如何感知、解读和转化不同给养方式及其相关原因，从而为优化写作教学"生态给养"的数量、类型与内容等提供借鉴。

四 研究设计

（一）研究对象

本研究对象为某大学一年级非英语专业的一个自然班，该班学生人数为 30，其中有男生 13 人，女生 17 人。笔者通过写作前测成绩将研究对象分为 5 组，每组有 6 名学生，其中写作高水平学习者 1 名，中水平学习者 3 名，低水平学习者 2 名。

（二）研究内容

前测。试验前对该班学生进行了英语写作前测，要求学生按题目要求在 30 分钟内完成一篇大学英语四级（CET-4）作文模拟题。由两位资深英语教师分别对学生的作文进行评分，评分内容为单词拼写、语法句法、内容结构、主题主旨和语言规范五个方面，评分标准为各单向 20 分，总分 100 分。每位学生的最终成绩取两位老师得分的平均分。

培训。首先，向学生介绍教师反馈、智能反馈及同伴反馈的基本理念及益处，帮助学生确信该评价模式是一项有意义的交互式写作活动；其次，介绍写作的评价内容与评分评分标准（与前测写作的评分内容与评分标准一致）；再次，在前测作文中选出得分较高、居中和较低三篇作文，根据以上评价内容及标准做出相应的评改示范；最后，加强学生在同伴互评中的责任意识，以及对三种反馈意见的批判性的接受态度。

实施。整个实验过程依托外研社出版的《新标准大学英语》（综合教程）第二册和第三册，时长一个学期（19周），每周4个学时。按教学进度，笔者每3周在课堂上进行一次写作辅导（2个学时）。写作课前，笔者通过Iwrite写作学习平台向学生发布一道CET-4真题的写作任务（Iwrite题库提供），并在该平台的反馈模式上同时勾选智能反馈和同伴反馈；笔者要求各小组先对所查找、阅读、分类和整理的写作素材进行分享与讨论，然后再独立完成写作任务和同伴反馈任务。写作课中，以小组为单位对学生所接收的反馈内容进行协商与讨论；讨论结束后笔者收集各小组汇总的问题，并在全班进行有针对性的反馈与指导。写作课后，学生根据智能反馈、同伴反馈和教师反馈对初稿进行修改，再次提交终稿；之后教师从Iwrite平台选取前2名高分作文在本班的英语写作群上分享，以促进学生们之间对该写作任务上进一步互动与交流。

后测、问卷调查与访谈。试验结束后对该班的学生再进行一次写作测评，要求学生按题目要求在30分钟内完成另一篇CET-4作文模拟题。后测成绩的评定仍然由评定前测成绩的两位教师完成，评分方式不变。为了进一步了解学生在写作过程中如何感知、解读和转化来自学习平台、同伴及教师所提供的学习给养，笔者在学期内通过课堂观察，多次对不同写作水平的10名学生进行了一般性访谈；在学期末既对全班学生进行了问卷调查，又对上述10名学生进行了深度访谈。问卷调查侧重于从宏观层面调查学生对不同反馈方式的态度；访谈则从微观层面了解学生在写作过程中写作情感与认知的动态变化。问卷调查参考秦丽莉（2017）给养状况调查问卷设计，用李克特5级量表形式，针对学习历史、写作动机、写作兴趣、写作策略、写作反馈态度等调查。因子分析显示：问卷的Cronbach's alpha为0.817，KMO为0.744，Bartlett's sig.为0.000，累计方差为73.19%，符合信效度常规标准。

（三）研究问题

A. 多元反馈写作教学模式对学生写作质量有何影响？

B. 学生如何感知、解读和转化多元反馈写作教学模式？

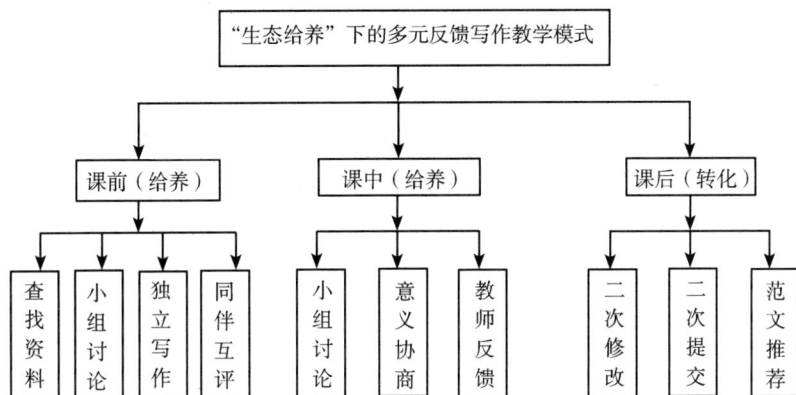

图1 "生态给养"下的多元反馈写作教学模式

五 研究结果与讨论

(一)"生态给养"转化之语言表现差异

本实验收集了该班学生写作前测和后测的两组数据,使用 SPSS22.0 软件对数据的基本分布情况、配对样本 t 检验进行了分析,以检验学生写作成绩前测和后测的变化情况。(见表1)

表1 前测与后侧的成绩差异(配对样本 t 检验)

		N	均值	标准差	均值差	t	df	Sig.(双侧)
单词拼写	前测	30	15.77	2.359	2.46	-5.382	58	0.000 *
	后测	30	18.23	0.858				
语法句法	前测	30	12.57	2.921	3.53	-5.651	58	0.000 *
	后测	30	16.10	1.788				
内容结构	前测	30	13.33	2.940	0.44	-.550	58	0.584
	后测	30	13.77	3.159				
主题主旨	前测	30	13.80	2.631	-1.7	2.574	58	0.013 *
	后测	30	12.10	2.482				
语言规范	前测	30	12.47	2.583	3.2	-5.580	58	0.000 *
	后测	30	15.67	1.788				
总成绩	前测	30	67.93	4.884	7.94	-6.229	58	0.000 *
	后测	30	75.87	4.981				

表 1 数据表明该班学生总成绩的平均值从前测的 67.93 分提高至 75.87 分，前测成绩与后测成绩存在显著差异（p<0.05），说明该写作教学模式对学生的写作质量有一定的积极影响，促使学生写作能力的积极转化。通过分项成绩变化的统计数据进一步可以看出：除了主题主旨项外，单词拼写、语法句法、内容结构和语言规范这四个方面的平均成绩均有提高，其中单词拼写提高了 2.46 分，语法句法提高了 3.53 分，内容结构提高了 0.44 分，语言规范提高了 3.2 分。值得注意的是，虽然这四个分项的成绩有所提高，但是只有单词拼写、语法句法和语言规范这三项的前测与后测成绩存在显著差异（p<0.05），而内容结构项的前测与后测成绩不存在显著差异；此外，主题主旨这一项的成绩在后测中反而有所下降，比前测成绩的均值低了 1.7 分，且与前测成绩之间存在显著差异（p<0.05）。

从客观统一性视角不难看出，写作课堂上的多元反馈模式可以有效地提升学生对语言形式的意识，从而转化为对语言错误的自我修正能力，以提高写作能力；然而，当学生在多元反馈模式的影响下过于强调对语言形式的关注时，便难以实现写作过程中语言形式与语言内容之间互为平衡，以至于倾向于忽略对主题主旨的深入思考和表达，从而带来该模式下学生写作在主题主旨方面得分偏低的可能性。

（二）"生态给养"转化之主观性差异

A. 认知差异。

首先，大多数学生对教师反馈的感知较为积极，认为该反馈模式能够在词汇、句式及主题主旨方面提供有效帮助。40%的学生认为教师反馈更为有效地帮助他们提高在写作中对词汇的选择和使用，并逐渐学会使用词汇多样性及书面语表达的技巧，而 23%和 10%的学生分别认为智能反馈和同伴反馈在此方面更为有效；有 50%的学生认为教师反馈能够有效地帮助他们在写作中选择和使用不同句式，并逐渐学会句式多样性表达的技巧，而 20%和 10%的学生分别认为智能反馈和同伴反馈在此方面更为有效；有 53%的学生认为教师反馈能够有效地帮助他们提高对命题内容的理解，30%的学生认为智能反馈在这方面更有效，却没有一位学生认为同伴反馈在该方面有所帮助；47%的学生认为教师反馈有效地帮助他们开拓写作思路，提升谋篇布局的能力，27%的学生认为同伴反馈在此方面更为有效，而仅有 7%的学生对智能反馈投赞成票；有 43%的学生认为教师反馈有效地帮助他们提升对自我写作过程的反思能力，30%的学生认为智能反馈在此方面更为有效，而仅有7%的学生认为同伴反馈在此方面有所帮助。

其次，在语篇逻辑和语言错误意识上，49%的学生对智能反馈有积极的感知和解读，认为智能反馈更能有效地帮助他们在写作中建立正确的语篇逻辑意识，尤其是对表并列、转折、因果、让步、条件等逻辑连词的使用技巧，而7%的学生认为同伴反馈更为有效；67%的学生认为智能反馈能够更为有效地帮助他们提高对语言错误的意识，仅有10%和7%的学生分别认为教师反馈和同伴反馈在此方面更为有效。

再次，从培养正向写作情感方面看，68%的学生倾向于在小组同伴中通过分享、讨论、意义磋商等方式来降低写作焦虑，开拓写作视野与写作思路；70%的学生认为多种方式的学习给养能够有效地培养写作兴趣，使写作过程不再枯燥单一；有相当比例的学生（48%）认为同伴互评是个有趣的过程，来自同伴的肯定能够提升他们的写作自信心，33%的学生认同能够从教师反馈中得到鼓励；43%的学生承认智能反馈有时候会出现错误的评价，小组的意义协商和教师反馈恰恰能弥补这一点，帮助厘清写作知识生产中的困惑。

最后，从对反馈方式的取向看，有87%的学生赞成多元反馈方式相结合的反馈模式，10%的学生倾向于单一的智能反馈，3%的同学倾向于单一的教师反馈，而没有任何一位同学赞成单一的同伴反馈。值得注意的是，从问卷的结果看，虽然教师反馈、智能反馈和同伴反馈在某种程度上得到了学生的肯定，但是其中任何一种反馈方式却不能成为主导模式来满足学生在写作过程中的不同需求。

B. 行动差异。

首先，学习动机的差异与选择取向。成年学习者的英语学习动机大致分为应试型和兴趣型两类：前者的目标明确，即通关各项英语考试，包括大学英语四级、六级等，学习模式受试题类型及评分标准的影响较为明显；而兴趣型学习者以学习兴趣为导向，偏重于对不同学习内容和学习方法的探索，视写作为一种表达过程。通过访谈发现，大部分应试型学生对教师反馈和智能反馈有较高的积极感知和解读。他们认为智能反馈能及时指出文章的词汇、语法错误，并提供修改方案，反馈效率较高；教师反馈具有权威性，弥补智能反馈中对错误原因解释的缺乏。然而，大部分兴趣型学生则对同伴反馈有积极的感知和解读,认为该反馈方式能帮助他们开拓写作思路,学习对方写作中的优点,激发自己的写作兴趣。这一发现支持徐锦芬(2016)的研究观点。

其次,英语水平的差异与选择取向。从访谈中可得知,写作水平较高的学生善于独立思考,其作文的思路清晰,错误仅仅集中在个别单词的用法上;因此,该类学生能够积极回应智能反馈中及时有效的指正,但也能够意识到和摒弃智能反馈中的消极给养(即错误的反馈),表现出对智能反馈的低依赖性。中等写作水平学生的英语学习积极性较高,既渴望从同伴的写作中发现亮点与技巧,同时也依赖教师的权威性;因此,他们认为教师和同伴反馈相结合的给养方式能够助益于他们的写作。写作水平较低的学生在写作过程中倾向于对权威的依赖,缺乏独立思考能力;因此,他们视教师反馈中的鼓励和肯定为积极给养,认为能有效地提高他们的写作积极性,增强写作自信。

最后,主观因素的差异与选择取向。写作过程亦受主观因素影响,如外向型学生倾向于积极参与小组讨论、意义协商和同伴互评,认为交互过程能够帮助他们提高语言形式的意识,开拓写作思路,降低写作焦虑感,提高写作效率;如以互联网为主要学习媒介的学生则能够积极感知智能反馈,认为智能反馈能满足学习过程中的实效性和即时性的需求;再如强调权威性认同的学生则倾向于教师反馈,认为"苦练十年不如名师一点",唯有教师的反馈更专业、更有针对性、更有启发性,也更能够有效地帮助自己提高写作质量。

六　结语

综上所述,基于信息化教学资源的大学英语多元反馈写作生态教学模式,为学习者提供了来自网络平台的信息资源、同伴间的讨论与意义协商、学习平台的写作智能反馈、同伴互评及教师反馈等写作给养,并在单词拼写、语法句法和语言规范等方面均有所提高,却在文章主题主旨与谋篇布局方面仍然存在一定的消极感知和解读。本研究说明该写作教学模式为学习者提供了充分且积极的语言形式给养,促成其知识的吸收与转化。然而,研究中也发现智能反馈、同伴互评及教师反馈这三种反馈方式仍然集中在单词拼写、时态、句型、标点符号、书面语、首段空格及大小写等方面。鉴于此,建议在今后的教学中教师反馈有意识地侧重引导学生关注文章主旨及结构，从整体上帮助学习者提升写作质量。

此外，鉴于"生态给养"以互动性为主要特质，即行为者、环境、感知、解读各要素之间的生态循环，学习者应如何有效感知和解读给养环境也取决于个体的复杂性以及不同的给养形式。因此，培育优良的给养环境成为教师在生态课堂中的关键所在，从而促成学习者生成积极感知、积极解读、积极行动。在写作课前的学习资源中自主提取知识元素（自我给养）、课中师生及生生之间以写作反馈为形式的互动交流（相互给养）及课后学习者对知识元素和写作反馈的整合与吸收（给养转化）这一动态且持续的过程中，教师也需要从学习动机、写作水平、学习历史、学习习惯、学习策略、学习情感、学习身份、学习主动性、学习能动性、性格特征，以及学习者的"权威"意识等因素合理分配合作小组，优化小组内的生态环境，从而有效地促进学习者形成认知—解读—转化的内在主动学习机制，提升其在交互过程中的语言学习及应用能力，以及在书写过程中所形成的中、西思维转换与批判性思维能力。

参考文献

［1］ Aronin, L. & Singleton, D., Affordances theory in multilingualism studies. *Studies in Second Language Learning and Teaching*, 2012（3）：311-331.

［2］ Van Lier, Leo., *Interaction in the Language Curriculum：Awareness, Autonomy and Authenticity*, Essex：Longman, 1996.

［3］ Van Lier, Leo., The ecology of language learning：practice to theory, theory to practice. *Procedia-Social and Behavioral Sciences*, 2010（3）：2-6.

［4］ Steffensen, S. V. & Fill, A., Ecolinguistics. The state of the art andfuture horizon. *Language Sciences*, 2014（41）：6-25.

［5］ Menezes V., Identity, motivation and autonomy in second language acquisition from theperspective of complex adaptive systems. in G. Murray, X. Gao & T. Lamb（eds.）*Identity, Motivation and Autonomy in Language Learning*, Bristol：Multilingual Matters, 2011：57-72.

［6］ Peng, J. E., Changes in Language Learning beliefs during a transition to tertiary study：the mediation of classroom affordances. *System*, 2011（39）：314-324.

［7］ Thoms, J., An ecological view of whole-class discussions in a second language literature classroom：teacher reformulations as affordances for learning. *The Modern Language Journal*, 2014（3）：724-741.

［8］任丽：《生态视角大学外语研究：回顾与展望》,《考试与评价》2015 年第 5 期。

［9］王薇、鲍彦：《国内生态学视角外语教学的特征和趋势——基于 CiteSpace 的可视化分析》,《外语研究》2020 年第 5 期。

［10］魏晶：《多媒体网络环境下外语学习者个体生态环境建构研究》,《外语电化教学》2010 年第 6 期。

［11］刘森林：《生态化大学英语课堂模式设计研究》,《外语电化教学》2008 年第 3 期。

［12］秦丽莉：《二语习得社会文化理论概论》,北京大学出版社 2017 年版。

［13］秦丽莉、戴炜栋：《生态视域下大学生英语口语学习环境生态给养研究》,《现代外语》2015 年第 2 期。

［14］秦丽莉、何艳华、欧阳西贝：《大学英语混合式教学的"生态给养"转化有效性研究》,《外语界》2020 年第 6 期。

［15］徐锦芬：《大学英语课堂小组互动中的同伴支架研究》,《外语与外语教学》2016 年第 1 期。

［16］张正东：《立体化外语教学法刍议》,《课程·教材·教法》1989 年第 1 期。

［17］曾葡初：《环境意识与外语教学》,《外语与外语教学》1999 年第 9 期。

［18］陈坚林：《计算机网络与外语课程的整合——一项基于大学 英语教学改革的研究》,上海外语教育出版社 2010 年版。

［19］黄国文：《外语教学与研究的生态化取向》,《中国外语》2016 年第 5 期。

On the Transformation of"Ecological Affordance" in College English Writing Teaching——Taking "Multiple Feedback" Writing Teaching Mode As An Example

Fan Jing

Abstract：Based on the concept of ecological education，this study starts from the multi-feedback teaching mode of college English writing to explore how learners perceive，interpret and transform different feedback and such reasons， with such an attempt to provide reference for optimizing the quantity, type and content of "ecological affordance" in the teaching of college English writing. The research shows that such a teaching model, under information − based teaching resources, provides learners with sufficient and positive affordance in language forms to promote their knowledge absorption and transformation. It is suggested that teacher feedback of this teaching mode focus more on guiding students to pay attention to the theme and structure of writing, and actively adjust the affordance according to the dynamic characteristics of learners and learning environment.

Keywords: ecological affordance; multiple feedback; college English writing

中国不同水平英语学习者
口语流利度的实验研究

刘　丹

摘　要： 口语流利度是学习者语言能力的一个重要部分。国内外学者对二语学习者的口语流利度做了大量的研究，有的将二语学习者与本族语者的口语流利度进行对比分析，有的聚焦学习者口语流利度的发展过程，有的关注时间性指标或语言性指标对流利度评分的预测能力。本研究采用8个时间性指标考察中国高水平与低水平英语学习者在自然言语中流利度是否存在显著性差异。结果发现，高水平与低水平学习者在测量语速的4个指标上存在显著性差异，高水平学习者比低水平学习者的语速快；在测量停顿的4个指标上两组学习者不存在显著性差异，但低水平学习者比高水平学习者的停顿次数多、平均时间长，而且停顿位置不合适。

关键词： 口语流利度；语速；停顿

一　引言

　　流利度是评判口语水平的重要指标，提高口语流利度也是二语/外语学习的目标之一，因此流利度一直备受语言教学以及语言测试领域研究者的关注（Lennon，1990；张文忠、吴旭东，2001）。但是在语言教学以及语言测试领域，对如何界定流利度未达成一致，对如何测量流利度也存在不同的看法。Lennon（1990）认为可以从广义和狭义两个维度来理解流利度，从广义上看流利度指整体口语能力（oral proficiency），而从狭义上看流利度指语言表达的"流畅性"（fluidity），它只是口语能力的一部分，

　　作者简介：刘丹（1977—　），女，陕西师范大学外国语学院，讲师，研究方向：语音学、二语习得研究。

主要从语言表达的时间 (temporal) 维度来考察。口语能力还包括语言表达准确度、合适度等其他部分。

国外学者针对二语学习者的口语流利度已经做了大量的研究,有对口语流利和非流利的学习者的口语特征进行对比分析 (Riggenbach, 1991; Riazantseva, 2001; Tavakoli, 2011), 有研究学习者流利度的发展过程 (Lennon, 1990; Derwing et al., 2008; Mora & Valls-Ferrer, 2012), 还有关于流利度评分与时间指标相关度研究 (Fulcher, 1996; Derwing et al., 2004; Kormos & Dénes, 2004)。本研究主要从语速和停顿两个方面来考察中国高水平与低水平英语学习者在自然语流中流利度有何异同。

二　文献回顾

语速是判断口语是否流利的重要指标,语速的提升有助于流利度的提高 (Towell et al., 1996)。对二语学习者流利度的研究也发现,口语流利并不仅仅指语速快,停顿也是判断二语口语是否流利的重要标准 (Riggenbach, 1991)。停顿是人们口语表达时普遍存在的语言现象,主要有以下三种功能:第一,人们在说话时需要通过停顿来呼吸,即生理功能;第二,人们在产出自然语流时需要利用停顿来计划下面该说什么,对于二语或外语学习者还需要利用停顿将想法转化成语言形式,即认知功能;第三,停顿能帮助听者切分语流,即交际功能。停顿有不同的分类方式,根据停顿的形式,可以将停顿分为两种类型,即无声停顿 (silent pause) 和有声停顿 (filled pause)。根据 Trask (1996) 的《语音学和音系学词典》的定义,无声停顿和有声停顿都是指话语中的犹豫,无声停顿表现为无声,有声停顿则使用非词汇填充物,如 um、er 等。

国外对二语学习者的口语流利度做了大量的研究。Kormos & Dénes (2004) 从时间指标、准确度指标以及词汇复杂度指标对 16 名母语为匈牙利语、英语为中低水平以及高水平的两组学生的流利度进行对比分析。结果表明,两组学生在语速、发声时间比、平均语流长度以及停顿平均时长都有显著差异;与中低水平学习者相比,高水平学习者的语速更快,无声停顿少、时长短,停顿之间的话语更长。近二十年,国内研究者也开始重视二语学习者口语流利度的研究,有聚焦二语口语流利度发展变化的研究,如张文忠 (2000) 以及张文忠、吴旭东 (2001) 先后对中国学习者英语口语流利度发展进行定性以及定量研究。在定量研究里,他们采用时间性指标、内容指标、语言指标和表达性指标对 12 名英语专业学生进行两次录音，中间间隔 28 周，试图描述在一段时间的专业学习后，学生的口语流利度是否发生变化。研究结果显示，学习者在表达流畅性、内容连贯性、句法复杂性和用词多样性上有明显进步，但其语言正确性进步不明显。也有研究聚焦流利度研究中的时间性指标，如唐颖、周金梅（2019）对中国英语学习者与本族语者在篇章朗读中的停顿频率、时长以及位置进行对比研究。结果发现，中国英语学习者在朗读时停顿频繁，尤其是非交界停顿次数远远多于英语本族语者；不论是交界停顿还是非交界停顿，学习者的停顿平均时长都比本族语者短，表明学习者没有很好地区分停顿的位置和时长。

综观已有研究，我们发现：研究大多考察二语学习者与本族语者在流利度上存在的异同，对不同语言水平的学习者在口语流利度上表现出的异同关注不够。国内研究的任务类型大多为朗读，而中国学习者在产出自然语流时流利度的情况如何，需要进一步的研究。因此，本研究采用 8 个时间性指标来考察高水平与低水平英语学习者在自然语流中的流利度是否存在显著性差异，以期为二语口语流利度研究提供实证支撑，并对我国英语口语教学，尤其是语音教学，给予一定启示。

三　研究设计

（一）研究问题

（1）中国高水平英语学习者与低水平英语学习者在自然语流中的语速是否有区别？如果是，表现为哪些特征？

（2）中国高水平英语学习者与低水平英语学习者在自然语流中的停顿是否有区别？如果是，表现为哪些特征？

（二）研究对象

本研究选取 32 名英语专业三年级本科生为研究对象，在参与录音时，她们处于第五学期的英语学习阶段，年龄在 19—21 岁，且全部为女生。本研究选取大学水平的学生为研究对象，因为她们大多从 6 岁开始学习英语，英语水平比初高中学生高，具备一定的语言表达能力。根据是否通过全国英语专业四级笔试以及口试，我们将研究对象分为高分组和低分组。英语专业四级考试是针对英语专业学生进行的全国性考试。在口语考试中，评分员主要从语音、语法正确性、词汇、语速、篇章结构以及考生完成任务的情况进行评分，因此口语考试的分数可以反映出学生的整体语言水平。英语专业四级口试成绩共分为四等：优秀、良好、合格以及不合格。受试者中有16名学生通过了四级笔试以及口试，且口试成绩均为良好，即75分以上，这些学生被分为高分组。另外16名学生没有通过口语考试，即60分以下，这些学生被分为低分组。所有的受试者都没有听力和口语的障碍。在进行录音前所有的受试者都完成了个人信息的问卷，表1为受试者的年龄、学习英语的年限、四级笔试成绩等信息。受试者均未有出国学习和旅游的经历，但她们在校学习时有部分课程由外教授课，因此她们有机会与英语本族语者交流。

表1　　　　　　　　　　　　　　**受试者基本信息**

基本信息	受试	
	高分组	低分组
年龄 平均值 区间	19.9 19—21	20.3 19—21
学习英语的年限 平均值 区间	12.7 11—15	10.7 8—13
英语专业四级笔试成绩 平均值 区间	80.9 75—90	67.8 57—78

（三）数据收集与整理

录音工作在专门的录音室进行。语音采样率为44100赫兹，精度为16比特。在正式录音前，我们进行了录音测试以保证录音设备以及麦克风工作正常.受试者的口语任务是讲述一段她成功抓住一次好机会的经历。在录音前，受试者有3分钟的准备时间，录音时间不超过3分钟。在整个录音过程中，笔者都在录音室内，但不会干扰受试者完成口语任务。在完成了所有录音工作后，我们将32个样本中第一分钟的录音转写为文本，并结合听辨以及停顿在语谱图中的特征，使用PRAAT语音分析软件对录音样本进行停顿次数及长度、单词数、音节数的标注。研究者对采用多长的停顿时长作为无声停顿的最低界限并未达成一致，如Anderson-Hsieh & Venkatagiri（1994）采用0.1秒，Zeches & Yorkston（1995）采用0.2秒，Towell et al.（1996）采用0.25秒。本研究参照二语学习者口语超音段特征研究中的多数做法（Kang，2010；Kang，2012），采用 0.1 秒作为停顿时长的最低界限，标记出了全部超过 0.1 秒的停顿的位置和时间长度。两个 0.1 秒以上的无声停顿之间的话语称为语流（run）。

（四）量化指标

本研究使用时间性指标来考察受试的流利度。我们将时间性指标分为语速和停顿两大类型，语速包括四个指标：每秒产出的音节数量、产出语速、平均语流长度、发声时间比，停顿也包括四个指标：无声停顿的数量、无声停顿的平均时长、有声停顿的数量、有声停顿的平均时长（具体的计算方法见表 2）。

表 2   流利度指标及计算方法

指标类型	指标名称	计算方法
语速	每秒产出的音节数量 （syllables per second）	所有音节数量/总时长
	产出语速 （articulation rate）	所有音节数量/（总时长–停顿时长）
	平均语流长度 （mean length of run）	所有音节数量/以停顿为标准的语调单位
	发声时间比 （phonation time ratio）	发音的时间总量（不包括停顿）/总时长
停顿	无声停顿的数量 （number of silent pauses）	样本里无声停顿的数量
	无声停顿的平均时长 （mean length of silent pauses）	无声停顿总时长/无声停顿的总数量
	有声停顿的数量 （number of filled pauses）	样本里有声停顿的数量（这里的有声停顿不包括重复、语言纠正）
	有声停顿的平均时长 （mean length of filled pauses）	有声停顿总时长/有声停顿的总数量

注：本研究中的总时长指每个样本的长度，即 60 秒；无声停顿指时长等于或超过 0.1 秒的停顿

（五）数据分析

我们采用了 SPSS25 对两组受试者在流利度的 8 项指标上进行独立样本 t 检验，以检验两组受试者是否存在显著差异。

四　研究结果与讨论

（一）语速

表 3　　　　　　　　两组受试者的语速参数和独立样本 t 检验结果

指标	组别	数量	平均数	标准差	t 值	p 值
每秒产出的音节数量	高分组	16	3.11	0.3	4.24	0.000 ***
	低分组	16	2.61	0.36		
产出语速	高分组	16	3.96	0.37	3.73	0.001 **
	低分组	16	3.51	0.32		
平均语流长度	高分组	16	6.13	1.2	3.74	0.001 **
	低分组	16	4.68	1		
发声时间比	高分组	16	0.79	0.03	2.68	0.013 *
	低分组	16	0.74	0.06		

注：* 表示 $p<0.05$；** 表示 $p<0.01$；*** 表示 $p<0.001$

从表 3 可以看出，高分组学习者与低分组学习者在测量语速的 4 个指标上都存在显著差异，即高分组学习者的语速比低分组学习者明显要快。当总时长包括停顿时，高分组学习者平均每秒产出的音节数量为 3.11，而低分组学习者为 2.61；当总时长不包括停顿时，高分组学习者平均每秒产出的音节数量为 3.96，而低分组学习者为 3.51。这一结果与之前研究的结论基本吻合（Anderson-Hsieh & Venkatagiri，1994；Kormos & Dénes，2004）。Anderson-Hsieh & Venkatagiri（1994）对高水平以及中等水平中国学习者的朗读语料与本族语者进行对比，发现高水平学习者的语速比中等水平学习者快。研究也发现语料的形式对语速有影响，由于他们的研究以朗读录音为语料，而本研究以学习者的自然语流为语料，在产出即席话语时，说者在说话的同时，还需要考虑下面该说什么以及如何说，因此，他们研究中学习者的语速比本研究中学习者的语速快。Kormos & Dénes（2004）的研究也发现高水平学习者比中低水平学习者的语速快、停顿平均时长短。本研究中高分组学习者的平均语流长度为 6.13 个音节，低分组学习者为 4.68 个音节，表明高分组学习者的在线言语处理能力（online speech processing ability）比低分组学习者要高；高分组学习者和低分组学习者的发声时间比分别为 79% 和 74%，说明高分组学习者用于讲话的时间更多，而用于言语计划的时间更少。低分组学习者受到词汇、语法资源的限制，往往会花费更多的时间进行语言提取和语言编码，因此语速慢、发声时间少。

　　以下两个话语片段分别从高分组和低分组学习者的语料中摘取的。句（1）来自一名高分组学习者的语料，句（2）来自一名低分组学习者的语料。两句话均为 15 个单词左右，句（1）只有一次超过 0.1 秒的停顿，整句话用时 5.42 秒。而句（2）却有三次超过 0.1 秒的停顿，整句话用时 6.33 秒。由此可以看出，高分组学习者的语速快、停顿少，听起来更加流畅。

　　（1）//i'm going to talk about a past experience// ［0.33］ //in which i successfully seized a good opportunity //

　　（2）// i will describe a past // ［0.27］ // experience in which // ［0.36］ // i successfully seized // ［0.13］ // a good opportunity//

　　（二）停顿

表 4　　　　　　　　　两组受试者的停顿参数和独立样本 t 检验结果

指标	组别	数量	平均数	标准差	t 值	p 值
无声停顿的数量	高分组	16	30.81	5.61	−1.49	0.146
	低分组	16	33.38	3.95		
无声停顿的平均时长	高分组	16	0.43	0.08	−1.19	0.245
	低分组	16	0.46	0.09		
有声停顿的数量	高分组	16	3.75	4.31	0.301	0.762
	低分组	16	3.25	4.93		
有声停顿的平均时长	高分组	16	0.16	0.15	−1.25	0.22
	低分组	16	0.23	0.18		

　　独立样本 t 检验的结果显示，高分组和低分组学习者在无声停顿的数量以及平均时长、有声停顿的数量以及平均时长这四个指标上都不存在显著性差异。这可能与本研究的任务类型有关，被试进行的是就给定话题即席讲话，在讲话时需要同时计划说话内容、组织思想以及语言，即使是本族语者也会出现犹豫和停顿。二语学习者经常会由于语言资源不足而出现在线处理困难，因此需要较长时间的停顿来进行语言计划（language planning），或者语言表达的准备，例如词汇提取（lexical retrieval）、句法组

织以及语用判断。因此，停顿也被认为是说话者在言语计划和言语形成过程中感到困难的表现（Kenny，1996）。但值得注意的是，高分组学习者在1分钟的自然语流中产出的无声停顿数量平均为30.81个，平均时长为0.43秒，而低分组学习者则为33.38个，平均时长为0.46秒，也就是低分组学习者的无声停顿比高分组要多，时长要长，即低分组学习者用于构思要说什么或者将想要说的内容用英语表达出来的时间比高分组学习者要长，这与Kormos & Dénes（2004）的研究结果一致，低分组学习者的停顿多、停顿时间长。也印证了缪海燕（2009）的研究发现：随着语言水平的提高，中国英语学习者的停顿频率减少，停顿时间变短。但高分组和低分组学习者在1分钟的自然语流中产出的有声停顿数量分别为3.75和3.25，说明高分组在口语中更多地使用er或um这类词汇来提示犹豫，这与本族语者非常相似，也可以说明高分组在使用有声停顿时更像本族语者，与Cenoz（2000）的研究结果相符。

Fulcher（1996）指出高水平和低水平学习者可能产出相同数量的犹豫，但停顿的地方不同、目的不同，会给听者留下不同的印象。因此，我们还需要讨论一下无声停顿的位置。国外的研究表明，二语学习者在产出英语时的停顿位置对流利度评判有显著影响（Freed，1995；Riggenbach，1991）。本族语者在口语产出时，通常在短语、分句或句子边界处停顿，提示语义的完结或话轮的切换。从本研究的录音数据可以看出，高分组学习者60%的停顿出现在短语、分句或句子结束的地方，40%的停顿出现在短语或分句中间，而低分组学习者只有40%的停顿出现在短语、分句或句子结束的地方，而大部分（60%）的停顿出现在短语或分句中间。这说明低分组学习者比高分组学习者除了产出更多无声停顿外，停顿的位置也不合适。在进行口语产出，尤其是即席讲话时，低水平学习者由于语法或词汇等语言知识的缺乏，在语言处理时需要更长时间。过多的停顿或停顿位置不合适都会让听者感到话语的不流利（Derwing & Munro，2001；Munro & Derwing，2001；Wood，2010）。这一结果与Anderson-Hsieh & Venkatagiri（1994）的研究发现基本一致。他们的研究发现，本族语者与高水平学习者的产出中75%的停顿出现在从句边界处，而中等水平学习者的停顿有30%出现在从句边界处，13%出现在短语边界处，剩下的57%则在从句或短语中间。

以下两个话语片段是从低分组学习者的语料中摘取的。

（3）//when i was in high school// ［0.23］ // there is a speech//
［0.61］ // competition//

（4）//i was// ［0.2］ //so lucky// ［0.24］ //to// ［0.21］ //take//
［0.18］ //part in this// ［0.65］ //summer camp//

句（3）中，在时间状语从句和主句之间，被试停顿了 0.23 秒，但
在主句中，尽管只有 5 个词，而且 speech 和 competition 组成名词短语，
中间不应该出现停顿，但被试却停顿了 0.61 秒。这种停顿位置不合适的
问题不仅给听者造成理解困难，而且使得被试话语听起来不够流利。句
（4）中，被试停顿了 5 次，在不定式短语 to 和之后的动词短语之间，在
动词短语 take part in 中间以及指示代词 this 与名词短语 summer camp 之间
都出现了停顿，这些停顿偏误说明低分组学习者由于自身语言能力的限
制，需要通过停顿来解决在线处理语言中遇到的困难。Wood（2010）的
研究结果也显示，本族语者与口语流利的二语学习者的停顿通常出现在句
末、分句边界，而口语非流利的学习者的停顿则往往出现在句内，例如动
词短语内部。Riazantseva（2001）对母语为俄语、英语水平不同的学习者
的停顿时长、频率以及分布的研究结果显示，高水平学习者在自然语流中
的停顿时长接近英语本族语者，与水平中等的学习者有显著差异。高水平
英语学习者的停顿频率与本族语者以及水平中等的学习者都没有显著差
异，但英语本族语者与水平中等的学习者之间有显著差异。

研究结果表明：尽管高水平和低水平学习者在无声停顿的数量以及平
均时长、有声停顿的数量以及平均时长这四个指标上都没有显著性差异，
说明学习者在自然语流中不能很好地把握停顿的频率以及时长，即学习者
在口语产出时存在语言处理困难，这种困难可能来自语言计划，也可能来
自语言表达。但高水平学习者无声停顿的次数比低水平学习者少，时长也
短，因此高水平学习者的话语让听者感觉更加流畅、连贯。低水平学习者
的停顿位置不恰当也是导致其言语不流利的重要原因。

五　结语与启示

口语流利度是口语能力的一个重要组成部分。本研究从时间维度考察
中国不同英语水平学习者口语流利度的特征，结果表明高水平和低水平学
习者在测量语速的四个指标上存在显著差异，说明随着语言水平的提高，
学习者产出英语的速度也随之加快，语言表达听起来更加流畅。但两组学

习者在测量停顿的四个指标上不存在显著差异，因此，在二语课堂中应该重视学习者口语流利表达的训练，尤其是停顿频率以及位置，减少因停顿次数过多或位置不当造成说者的语言表达听起来不连贯，对听者的理解造成的影响。

本研究仅仅从时间维度考察了不同水平学习者口语流利度的异同，Lennon（1990）指出时间维度是低层次的流利度（low-order fluency），而语法准确度、词汇复杂度等语言维度才是高层次的流利度（high-order fluency）。因此，在之后的研究中需要更多关注不同水平学习者口语表达的语言特征。

参考文献

［1］ Janet Anderson-Hsieh and Horabail Venkatagiri, Syllable duration and pausing in the speech of Chinese ESL speakers, *TESOL Quarterly*, 1994 (4)：807-812.

［2］ Jasone Cenoz J, Pauses and hesitation phenomena in second language production, *International Journal of Applied Linguistics*, 2000 (1)：53-69.

［3］ Tracey Derwing and Murray J. Munro, What speaking rates do non-native listeners prefer?, *Applied Linguistics*, 2001 (3)：324-337.

［4］ Tracey Derwing, Murray J. Munro and Ron I. Thomson, A longitudinal study of ESL learners' fluency and comprehensibility development, *Applied Linguistics*, 2007 (3)：359-380.

［5］ Tracey Derwing, Marian Rossiter, Murray J. Munro and Ron I. Thomson, Second language fluency：Judgments on different tasks, *Language Learning*, 2004 (4)：655-679.

［6］ Barbara F. Freed, What makes us think that students who study abroad become fluent? In Barbara F. Freed (Ed.), *Second Language Acquisition in a Study Abroad Context*, Amsterdam：John Benjamins, 1995.

［7］ Glenn Fulcher, Does thick description lead to smart tests? A data-based approach to rating scale construction, *Language Testing*, 1996 (2)：208-238.

［8］ Okim Kang, Relative salience of suprasegmental features on judgments of L2 comprehensibility and accentedness, *System*, 2010 (2)：301-315.

［9］ Okim Kang, Impact of rater characteristics and prosodic features of speaker accentedness on ratings of international teaching assistants' oral performance, *Language Assessment Quarterly*, 2012 (3)：249-269.

［10］ K. Dallas Kenny, *Language Loss and the Crisis of Cognition*, Berlin：Mouton de

Gruyter. 1996.

[11] Judit Kormos and Mariann Dénes, Exploring measures and perceptions of fluency in the speech of second language learners, *System*, 2004 (2): 145-164.

[12] Paul Lennon, Investigating fluency in EFL: A quantitative approach, *Language Learning*, 1990 (3): 387-417.

[13] Joan C. Mora and Margalida Valls-Ferrer, Oral fluency, accuracy, and complexity in formal instruction and study abroad learning contexts, *TESOL Quarterly*, 2012 (4): 610-641.

[14] Murray J. Munro and Tracey M. Derwing, Modeling perceptions of the accentedness and comprehensibility of L2 speech: The role of speaking rate, *Studies in Second Language Acquisition*, 2001 (4): 451-468.

[15] Anastasia Riazantseva, Second language proficiency and pausing: A study of Russian speakers of English, *Studies in Second Language Acquisition*, 2001 (4): 497-526.

[16] Heidi Riggenbach, Towards an understanding of fluency: A microanalysis of nonnative speaker conversation, *Discourse Processes*, 1991 (4): 423-441.

[17] Parvaneh Tavakoli, Pausing patterns: Differences between L2 learners and native speakers, *ELT Journal*, 2011 (1): 71-79.

[18] Towell, R., R. Hawkins. & N. Bazergui. The development of fluency in advanced learners of French, *Applied Linguistics*, 1996 (1): 84-119.

[19] Robert Lawrence Trask, *A Dictionary of Phonetics and Phonology*, London: Routledge. 1996.

[20] David Wood, *Formulaic Language and Second Language Speech Fluency: Background, Evidence and Classroom Applications*, London: Continuum. 2010.

[21] Jane Teresa Zeches and Kathryn M. Yorkston, Pause structure in narratives of neurologically impaired and control subjects, *Clinical Aphasiology*, 1995 (23): 155-163.

[22] 缪海燕:《第二语言口语非流利产出的停顿研究》,《解放军外国语学院学报》2009年第4期。

[23] 唐颖、周金梅:《中国英语学习者篇章朗读中停顿的语音学研究》,《吉林省教育学院学报》2019年第6期。

[24] 张文忠:《第二语言口语流利性发展的定性研究》,《现代外语》2000年第3期。

[25] 张文忠、吴旭东:《第二语言口语流利性发展定量研究》,《现代外语》2001年第4期。

An Experimental Study on the Fluency of Chinese Learners of Different English Proficiency

Liu Dan

Abstract：Fluency constitutes an important component of second language proficiency. A large body of research has been conducted on the fluency features of L2 learners of different L1 backgrounds. Some located fluency problems L2 learners encountered in speaking by comparing speech samples collected from L2 learners and native speakers. Some focused on the longitudinal development of fluency while some investigated the correlation between temporal variables or linguistic variables and fluency ratings. This paper makes a comparative study of spontaneous speech made by Chinese learners with high proficiency and low proficiency to explore the differences in fluency with eight indicators included. The speech rate of high proficiency learners is found to be different from that of low proficiency learners. No obvious difference in pause is observed between the two groups，but low proficiency learners make more and longer pauses and they pause at improper places.

Keywords：fluency；speech rate；pause

任务驱动教学法在高校
法语二外课堂中的应用

李雨璇

摘　要：法语二外课程是针对高校本科英语专业学生所开设的一门专业必修课。然而目前，在高校中普遍存在法语二外课程教学课时紧缺、学生学习兴趣不高、学习方式陈旧等问题，导致英语专业学生的法语二外学习效果欠佳。近年来，广大法语教师积极探索各种适用于法语二外课堂中的教学方法，其中包括任务驱动教学法。本文将对任务驱动教学法的内涵、在法语二外课堂中的使用价值以及具体应用途径进行阐释和解析，旨在充分激发学生对于法语二外学习的兴趣，从而提高法语二外教学的实际效果。

关键词：任务驱动教学法；法语二外；应用

一　引言

在目前的国际大环境中，各国之间的交往日益密切，而这一形势也决定了外语人才在各个领域中的必要性和无法替代性。为了全面培养高校英语专业学生的综合素质，英语专业学生在修习本专业相关课程的基础上，还需要进行第二外语的学习。近年来，越来越多的学生选择法语作为第二外语。由于这些学生大多为法语的初学者，他们无法实现与中学阶段外语课程的过渡和衔接，因此在重新接受一门语言的初期，所遇见的困难就十分明显。在传统的法语二外课堂上，教师仍然占据主体地位，整个教学过程呈现出教师讲、学生听的被动学习状态，这种状态并未真正激发出学生的学习兴趣，反而大大降低了他们的学习效率。尤其是对于初学者，这种

作者简介：李雨璇（1989—　　），女，陕西师范大学外国语学院，讲师，研究方向：法语教学法。

状态很容易使他们丧失继续学习的热情和信心。法语教师在不断的探索和实践中发现，任务驱动教学法能够有效解决目前二外课堂中出现的这些问题。该教学法的核心思想是确立学生在教学过程中的主体地位，将传统的教师一味讲授的教学模式转化为学生主动探究、主动发现和解决问题的教学模式，从而激发学生的学习兴趣，增强信心，达到提升学习效率的目的。

二　高校法语二外课堂的现状

就目前高校法语二外课堂的现状来看，何雯雯（2012）[①] 经过一系列的调查问卷后得出结论，认为目前高校法语二外课堂中普遍存在的问题主要集中在教学内容过多、课时设置不足、教学模式单一、缺少听说能力训练等方面。具体来讲，可以从以下几方面来分析。

（一）法语本身的难度性

法语是公认最浪漫的语言，但也是最难学的语言之一。联合国教科文组织曾按照掌握各国语言的难易程度对它们进行了评估，最终评选出了世界上最难学的十大语言，其中法语排名第十。对于初学者来讲，法语学习中需要闯过的第一关就是语音关。法语的语音拼读规则繁多，法语二外课程的授课对象为英语专业学生，故在初学阶段，学生十分容易受到英语发音规则的干扰，尤其是在一些词形相同但是英语、法语发音完全不同的单词上，他们很容易出现按照英语的拼读方式进行拼读的现象。在学习拼读的同时，学生们也会开始慢慢接触法语的动词变位，名词阴、阳性以及省音、连音、联诵等语法现象。想要将这些知识点都掌握好，学生不仅需要在课堂上努力，在课后仍需要进行大量的练习来巩固课上所学。有些同学在这一初始阶段就会出现畏难情绪，学习的积极性明显下降。

（二）学习法语动机的外源性

笔者对于所教授班级的学生进行了调查，结果显示在第二外语选择法语的学生中，有一小部分的学生是出于兴趣爱好和想去法国旅游而学习法语，还有绝大部分的学生是为了考研和就业考虑。由此可以看出，学生选择法语作为第二外语的外源性动机占据了主要位置，这类学生往往会在学习过程中注重应试训练，也就是侧重于对语法、阅读和单词的练习，而忽

---

① 何雯雯：《英语专业本科生二外法语课程调查报告》，《法国研究》2012 年第 1 期。

视对法语实际应用能力的养成。目前国内的研究生入学考试，不仅涉及笔试部分，大多数学校还增加了法语口试的环节。这更加要求法语教师探索全新且符合实际的教学方法，激发学生的学习热情，加强他们在法语课堂中的参与感，在提高教学效率的同时，培养他们对于法语的实际应用能力，为学生们的考研和就业提供强有力的支撑，增强他们的竞争力。

（三）课程设置的局限性

教材是教育之本，是最重要的课程资源。目前，高校法语二外课程中使用到的教材大都侧重于对学生读写能力的培养，而对于学生听说能力培养的内容比较欠缺。二外课程的课时为每周4学时，教师需要按照大纲要求在短暂的4学时里将知识点全部灌输给学生，他们并没有富裕的时间将教材以外的内容补充进去，这导致学生的知识面大多只局限于书本。学习语言的人最重要的就是实际应用能力的培养，而在目前这种模式下，实际应用能力并未得到真正的锻炼。在一些高校中，英语专业仍然占据绝对统治地位，这对于小语种，尤其是第二外语的小语种会产生一定程度的制约。就法语二外来讲，比较突出的问题就是各类法语交流活动的组织严重不足，与法语教学相关的课程资源建设相对来讲也比较落后。

（四）教学方法的陈旧性

在目前的法语教师队伍中，有一部分教师是法语专业出身，却从未去过法国，他们对于法国文化和法语的理解具有很大的局限性。李敏（2014：151）曾引用过萨丕尔的话："语言的背后是有东西的。而且语言不能离开文化而存在，所谓文化就是社会遗传下来的习惯和信仰的总和，由它可以决定我们的生活组织。"[①] 因此，法语教师自身对于法国文化的认知水平很大程度上影响着对学生们学习的指导。在传统的教学活动中，教师还是占据主导位置。在法语二外的课堂上，常常出现教师一味讲、学生被动听，教师讲得累、学生参与感弱的现象，教师一味输出语法、词汇等知识，并没有足够的时间留给学生进行交际应用的练习，课堂气氛沉闷枯燥，久而久之，学生的学习积极性和对法语的兴趣都会大幅降低。

三　任务驱动教学法的理论内涵

鉴于目前高校法语二外课堂中普遍存在的问题，法语教师经过不断探

---

① 李敏：《跨文化交际与信息技术传播背景下的大学法语教学》，《上海理工大学学报》（社会科学版）2014年第2期。

索，发现任务驱动教学法能够在一定程度上解决上述问题。

任务驱动教学法是以构建主义理论为基础的一种教学方法，它将教师为主体的传统教学模式转变为学生为主体，解决问题为主要任务的新型教学模式。整个教学活动以任务为线索贯穿始终。教师将学生带入提前设定好的学习情境中，激发学生的求知欲，并采取引导、鼓励、指导等多种方式，使学生完成既定任务，从而实现对知识的理解和掌握。针对外语学习者来说，岳守国（2002：364）指出："任务驱动教学法在学习者的母语和目的语之间架起了一座桥梁，为学习者提供了互动的机会，能开掘学习者运用语言的潜力，激发他们的创造性和运用语言的活力。"① 由此可见，任务驱动教学法十分适合在高校外语课堂中进行推广和使用。

任务驱动教学法在高校法语二外课堂中进行推广和使用，从学生的角度来看，他们能够拥有更多独立的时间和空间，充分发挥自身的主观能动性，有利于培养学生独立学习和探索的能力，在学习和思考的过程中发现自身的问题，及时改进。新型的教学方法，使得学生对于课堂的感受也焕然一新，学习的兴趣和热情大大提高；从教师的角度来看，使用新型教学方法，改变了传统课堂上沉闷的氛围，师生互动次数增多，有利于教师及时了解学生对于知识的理解和应用情况，对学生在学习过程中产生的问题及时指出，并对其学习成果给予符合实际情况的评价。

四　任务驱动教学法在法语二外课堂中的应用价值

法语二外是英语专业学生的一门重要课程，其陈旧的教学模式亟待得到创新和改善。苏静（2018：36）指出，"任务驱动教学法呈螺旋式结构，提倡在真实情境中语言能力循序渐进的创造性发展，体现了外语学习的特征和规律。"② 由此可见，任务驱动教学法的应用，能够有效改变目前的教学现状，增加学生学习的主动性和探知欲，从而提升整个教学质量。任务驱动教学法在法语二外课程中具有重要的应用价值。

首先，任务驱动教学法中关于任务的确定，是从学生感兴趣的部分出发，从而带动他们进行法语语法、句法的学习，以任务为线索贯穿整个教学活动，培养学生独立思考和解决问题的能力。当任务完成后，学生会获

---

① 岳守国：《任务语言教学法：概要、理据及运用》，《外语教学与研究》2002 年第 5 期。
② 苏静：《任务驱动教学法在第二外语语音教学中的应用——以法语语音教学为例》，《高教论坛》2018 年第 3 期。

得成就感，从而激发他们下一次去主动完成任务，由此形成一个良性的循环。其次，任务驱动教学法以建构主义教学理念为基础，打破教师为主导的传统教学模式，变为学生为主体，教师引导和鼓励的新式互动型教学模式。在这种教学模式下，每一位学生都拥有自己看问题的不同角度，在遇到问题时，会采取相应的方式去解决问题、完成任务。整个课堂不再是沉闷和安静的，而是活跃和充满不同可能性的。

五　任务驱动教学法在法语二外课堂中的实施原则

任务驱动教学法在法语二外课堂的实际运用过程中，应当遵循以下几个原则。

（一）以学生为主体的原则

任务驱动教学法需要教师摒弃传统的"教师为主体""教师在教育中是权威者，学生是服从者"等观念，在整个教学中坚持以学生为主体，注重对于学生自主学习能力的培养。在任务驱动教学法的实施过程中，教师引导学生从学习的内容出发，进行独立思考和探究，帮助学生形成自己思考问题的模式，找出解决问题的办法。长此以往，可以增强学生的自信心、对知识的探索欲以及对学习的兴趣度，这样一来，学习由被动变为主动，学习效率也能够得到相应的提升。

（二）题材贴近生活的原则

语言学习难免枯燥，需要学习者不断地练习和使用，才能做到由熟生巧。在法语二外的教学过程中，教师可以选取贴近学生生活，或是学生熟悉、感兴趣的主题来进行课堂导入，从而激发出学生的学习兴趣。比如在初学者的第一节法语课上，首先要接触到法语的二十六个字母，它们虽然和英语字母的形式一样，但读音完全不同，因此，英语专业学生在初学时需要一个接受的过程。这个时候，法语教师可以给学生播放法语字母歌，歌词朗朗上口，简单易学，学生们的学习热情也会大大提升；比如教学内容中涉及法国大学生的生活状况，教师可以引导学生进行中法两国大学生生活的对比，发现其中的异同；再比如接触到与巴黎相关的课文时，教师也可以引导学生对巴黎的概况、名胜古迹、电影、音乐等方面的信息进行搜集整理，从而对巴黎有一个全方位的认识。除此之外，教师还可以组织学生进行中法两国在电影、音乐等方面的对比；再比如课文中如果涉及法国人如何过生日的内容时，教师可以引导学生们学唱法语版《生日快乐歌》，活跃课堂气氛，增加学生的兴趣度，使得学生在主动探究中学到知识，提升教学质量。

（三）可操作性的原则

在任务驱动教学法的实施过程中，教师还需要注意到它的可操作性。教师要结合学校的硬件、软件各种设施情况，例如教室的容量、是否有多媒体配备等，提前构思课堂内容，充分考虑内容的可操作性以及在操作过程中可能会遇到的问题及解决办法，从而确保教学活动的正常顺利开展。

六　任务驱动教学法在法语二外课堂中的具体应用

朱永杰、冯建成（2010：153）对"任务"一词的内涵做出了具体的解释，"任务驱动教学法中的任务特指学科教师根据教学目标和学生的实际情况精心设计的，以真实的社会情境为基础的，既蕴含了学生应该掌握的知识和技能，又蕴含了学生应该获得的能力训练的，并且需要运用特定的学科知识来完成的任务。"[1] 在法语二外的教学过程中加入任务驱动教学法，需要教师研究、设计好每一个教学环节，从而达到每节课的教学目标。基于"任务"内含的指导，教师设计的教学环节可分为以下几个步骤来安排。

（一）创设情境

实施任务驱动教学法的第一步，就是需要创设具体的学习情境，使得学生能够尽快地全身心投入任务中来。创设的情境要贴近生活，最好是学生们感兴趣的，或者熟悉的题材，这样可以使学生产生共鸣。例如，《新大学法语1》第六单元 REPAS ET NOURRITURE，主要是在介绍法国的食物和法国人的饮食习惯。那么在正式课程之前，可以给学生们播放介绍法国饮食文化的视频、音频等资料，或是中法饮食对比的视频，从而使学生对于法国的饮食有些初步的了解，便于后续教学活动的开展；《新大学法语1》第八单元 SEJOUR A PARIS，内容主要是一位中国女孩写信给家人讲述自己在巴黎的所见所闻所感，其中涉及了许多文化方面的内容。教师可以在课前借助多媒体，播放关于法国文化相关的视频或者电影片段，包括法国的名胜古迹、法国的名人等，使学生身临其境，通过观看视频内容就感觉自己已经亲身在巴黎游览了一番；《新大学法语2》第五单元 LO-

---

① 朱永杰、冯建成：《任务驱动教学法中的任务设计》，《教育与职业》2010 年第 24 期。

GEMENT，讲到了法国住房问题，可以给学生播放短片，内容是一位法国大学生邀请父母去自己新租的公寓参观，由此可以引出中法两国的年轻人在住房问题上的不同观念。法国的年轻人有些在大学期间就搬出父母家和同龄人合租，而这种现象在中国并不是很普遍。从上述这些贴近学生生活的主题入手，创设情境，学生的代入感明显增强，为后续教学活动的顺利开展做好了铺垫。

（二）确定任务

确定任务是任务驱动教学法实施中重要的一个环节，任务的合理与否、可操作性与否，直接关系到学生是否能够顺利完成任务，达到预期的教学效果。任务的设计不能脱离教学目标和教学内容，同时不能忽视作为法语二外学生的语言水平。任务的难易程度要符合学生的现状，任务量要在可接受的范围内。在教学过程中，教师可以把每一单元的内容看成一个完整的大任务，然后在每节课中，将大任务分解成若干个小任务分配给学生，学生先完成小任务，再累积成大任务，这样可以增加学生的接受程度，不至于使学生在初学阶段就出现畏难情绪。

例如，在《新大学法语1》第八单元 SEJOUR A PARIS 中，法语教师要明确本单元的教学目标。首先是本单元中所涉及的词和短语以及它们的用法，一些特殊句型的理解和使用，对于课文大意的把握。这一单元的课文介绍了法国书信的具体书写格式，所以学生还需要了解如何用法语撰写一封书信，注意和中国书信的格式进行比较，以免混淆。对于教学大纲的要求，每一单元需要花费8学时来进行学习。教师可以将本单元按照8课时的内容进行分解，将学生的任务具体到每一个课时中。例如，第1、第2课时，主要是对本单元语法部分的学习。教师在对语法部分进行讲解后，请学生举一些符合所讲授语法现象的例子，这样做是为了使学生们加深印象。第3、第4课时，主要针对课文 A 的部分。首先，教师给学生播放单词的音频，请学生进行跟读并记忆。随后播放课文的录音，然后教师将课文中重点的句型挑出，设计一些场景让学生们进行练习，巩固记忆。第5、第6课时，阅读课文，指出课文中主人公在巴黎期间都做了什么事情，这一环节主要是考察学生对于文章大意的理解和把握。第7、第8课时，主要针对课文 B 的部分。由于课文 B 在大纲要求中，只涉及对于文章大意的把握，因此可以让学生跟着录音读单词和课文，复述其中的大意。由于本单元的两篇课文都是以书信的形式出现的，因此在最后一个课时中，教师可以假设一个场景，比如让学生根据法国书信的格式，草拟一封给家人的书信，向家人描述一下自己在学校的生活。这一环节不仅可以训练学生对法语书信格式的掌握，也可以培养学生对于法语的实际应用能力。

（三）任务分工

在任务驱动教学法实施的过程中，需要坚持学生自主学习和分组学习相结合的学习方式。教师可以组织学生根据他们的意愿进行自由分组，如果每组人数不均，再适当进行调整。以教材中的一个单元为一个大任务，而后将这个大任务分解成若干个小任务，小组内的每一位成员都要承担起相应的责任，只有每个人的小任务都完成了，合并起来才完整。这种模式要求充分发挥每位学生的主观能动性，同时也要注意培养他们的团队合作意识。例如，在上文中提到的第六单元的内容，涉及了法国人的饮食习惯和喜爱的食物，那么小组内可以进行任务分配，比如几位学生负责法国人饮食习惯相关内容的收集，另外几位学生负责法国人偏爱食物的收集。在进行小组讨论的时候，每位学生都可以就这一主题提出自己的看法，在轮流发言之后，还可以进行中法两国饮食习惯的对比。比如作为我们中国人，我们的三餐都吃什么，每餐都是几点吃饭，我们偏好的食物有什么，通过对比和讨论，使学生对于法国饮食习惯、中法饮食差异有一个清晰的了解。

（四）交流表达

在学生进行小组讨论的时候，教师要充分包容学生对于同一问题的不同理解和认识，鼓励学生与组内其他成员之间建立起积极的对话，同时在组与组之间，也可以产生一些沟通和交流。例如，要求每组学生在清晰阐述自己关于相关主题看法的同时，也能够对于其他组成员所阐述的看法提出自己的想法或是疑问。《新大学法语 2》第五单元 LOGEMENT，主要讲述法国人的居住情况，其中也提到近些年来，越来越多的法国年轻人选择在大学时期搬离父母家，和同龄人合租。那么这种情况，在中国其实不是那么普遍，中国的年轻人大都选择和父母一起居住直到结婚，有的甚至在结婚后还会和父母在一起居住。组内的学生可以就这两种情况发表自己的看法，谈谈个人体会，随后还可以进行组与组之间的沟通和交流。总之，就是需要在教师的引导下，在学生之间搭建起一座良性沟通的桥梁。

（五）形成评价

教师可以在任务进行的过程中，或是学生任务完成后对其进行评价。

评价时，教师需要参考学生在组内发言的情况以及在组与组之间交流时的表现，也可以从每组学生中指派一人上讲台来将本组讨论的结果进行汇报。在任务进行中，教师需要给予学生足够的空间，充分发挥他们的主观能动性，但同时也需要寻找合适的时机，在必要的时候，及时进行点拨，在任务完成后，教师可以进行系统性的指正和解释。评价的体系可以包括教师评价、学生自评和互评这几个方面。通过多方评价，学生能够清晰发现自身问题，为今后的努力指明方向。

七　结语

在高校法语二外课堂中推广和使用任务驱动教学法，可以有效解决目前课堂中出现的问题，例如学生的学习兴趣不高，课堂气氛沉闷等。这种新型的互动式教学法能够充分激发学生的学习兴趣，极大地改善教学现状，提高教学效率。高校教师应当在教学实践中不断探索和创新符合学生发展需要的教学方法，培养综合素质过硬的新时代大学生。

参考文献

［1］何雯雯：《英语专业本科生二外法语课程调查报告》，《法国研究》2012 年第 1 期。

［2］李敏：《跨文化交际与信息技术传播背景下的大学法语教学》，《上海理工大学学报》（社会科学版）2014 年第 2 期。

［3］苏静：《任务驱动教学法在第二外语语音教学中的应用——以法语语音教学为例》，《高教论坛》2018 年第 3 期。

［4］岳守国：《任务语言教学法：概要、理据及运用》，《外语教学与研究》2002 年第 5 期。

［5］朱永杰、冯建成：《任务驱动教学法中的任务设计》，《教育与职业》2010 年第 24 期。

The Application of Task-driven Teaching Method in the course of French as a Second Foreign Language in College

Li Yu Xuan

Abstract：The course of French as a second foreign language is a compulsory course for undergraduate English majors in colleges and universities. However, at present, there are certain problems in this course, such as the shortage of teaching hours, lack of learning interest, and obsolete learning methods, etc. , which reduce the teaching effect. In recent years, college French teachers have been actively exploring various teaching methods suitable for teaching French as a second foreign language, including Task − driven Teaching Method. This paper explains the meanings of Task − driven Teaching Method, analyses its use value and specific applications in teaching French as a second foreign language. It aims to fully stimulate students' learning interest and achieve better effect in class.

Keywords：Task − driven Teaching Method；French as a second foreign language；application